21世纪高等院校财经类专业
实训教材

成本会计

实训教程

（第三版）

徐哲 编著

东北财经大学出版社
Dongbei University of Finance & Economics Press
大连

图书在版编目（CIP）数据

成本会计实训教程 / 徐哲编著. —3版. —大连：东北财经大学出版社，2019.2（2019.12重印）
（21世纪高等院校财经类专业实训教材）
ISBN 978-7-5654-3451-8

Ⅰ. 成…　Ⅱ. 徐…　Ⅲ. 成本会计-高等学校-教材　Ⅳ. F234.2

中国版本图书馆CIP数据核字（2019）第021768号

东北财经大学出版社出版
（大连市黑石礁尖山街217号　邮政编码　116025）
网　　址：http://www.dufep.cn
读者信箱：dufep@dufe.edu.cn

大连雪莲彩印有限公司印刷　东北财经大学出版社发行

幅面尺寸：170mm×240mm　字数：202千字　印张：10.25
2019年2月第3版　2019年12月第9次印刷

责任编辑：李　彬　赵　楠　责任校对：合　力
封面设计：张智波　版式设计：钟福建

定价：32.00元

教学支持　售后服务　联系电话：（0411）84710309

如有印装质量问题，请联系营销部：（0411）84710711

总　序

20世纪90年代末以来，我国高等教育取得了跨越式的发展，正在由“精英教育”向“大众化教育”转变。在高等教育大众化背景下，培养学生实践能力和创新能力逐步成为各高等院校提高本科教学质量的重要目标。财经类专业作为当前经济社会中最具发展性和最具时代活力的专业之一，本身就具有极强的实践性和应用性特点。随着经济社会形势的发展，大学生就业形势日益严峻，用人单位对财经类专业毕业生的实际操作能力的要求也越来越高。学生不但要有比较扎实的理论功底，更要有较强的实践能力和创新能力。

在财经类应用型人才的培养过程中，实践教学具有不可或缺的作用。高等教育的教学过程主要由理论教学和实践教学两部分组成。理论教学以教师讲授为主，主要任务是传授知识；实践教学包括军训、社会实践、实习、实验、实训、毕业（设计）论文等内容，主要任务在于培养能力与素质。为实现人才培养过程中传授知识、培养能力和提高素质的协调统一，学校在注重理论教学的同时，也必须高度重视实践教学。在理论教学中传授的知识需要在实践教学中验证、消化与巩固，同时，实践教学还发挥着培养学生动手能力、形成专业素养、启发学生创新思维、增强创新意识、提升创新能力的重要作用。可以说，没有高质量的实践教学，培养高素质的财经类应用型人才这一目标就难以实现。

随着大众化教育的推行，高校的学生规模急剧扩大，实习资源日益紧缺，实训作为实践教学的重要组成部分，在培养学生实践能力方面起着越来越重要的作用。与实习相比，实训的地点和形式更为灵活，可以在校内进行，也可以在校外进行，克服了实习过程中实习单位、实习岗位等因素的限制，可以较好地解决目前学生实习难的问题。实训在教师的指导下，按照人才培养规律与目标，通过全真的角色模拟、岗位轮换，让学生亲身体验，从而切实达到提高动手能力和训练职业技能等目的。实训不仅有巩固学生所学的理论知识，使学生获得实践知识和管理知识，培养学生的实际工作能力，完成实践教学目标的功能，还具有引导学生了解社会、接触实际，增强学生的职业道德意识、团队精神和社会责任感的育人功能。

目前，很多财经类院校已经意识到实训教学的重要性，开始建立实训中心或基地，开设相关实训课程。要真正搞好实训教学，必须遵循实训教学规律，创立一个目的明确、层次分明、系统完整的实训教学体系。作为教学过程中一个不可缺少的重要环节，实训教学有其自身的科学性、系统性和衔接性，与理论教学平行而又相互协调、相辅相成。为更好地推动实训教学的发展，除了建立良好的实训条件，创造较为逼真的实训情境和环境外，还必须有切实可行、操作性较强的实训教程，并以此为基础逐步形成以学生为主体、教师为主导，多层次、系列化、模块化、开放式的实训教学体系。因此，在理论教材的基础上结合社会需求，编写出要求一致、规范统一的实训配套教材成为推动实训教学发展的关键。

为更加有效地开展实训教学，我们组织编写了这套“21世纪高等院校财经类专业实训教材”，具体包括《旅游管理实训教程》、《市场营销实训教程》、《人力资源管理实训教程》、《成本会计实训教程》、《财务管理实训教程》、《审计实训教程》、《电算化会计实训教程》、《国际贸易实务实训教程》、《国际贸易单证实训教程》和《经济法实训教程》10本，涉及旅游管理、人力资源管理、市场营销、会计学、财务管理、国际经济与国际贸易等专业。本套教材注重实训教学与理论教学的衔接，突出实训教材的实用性、适用性、仿真性、可操作性等特点，适用于高等院校经济管理类专业本科生的实训教学，也可作为相关从业人员的学习、培训用书。

在本系列教材的编写过程中，我们力求精益求精，但由于经验不足、时间有限，教材中难免存在不妥之处，恳请读者给予指正。

“21世纪高等院校财经类专业实训教材”编审委员会

第三版前言

如今高等教育的教学目标是“培养高等技术应用型人才”，在长期的会计教学和会计实践工作中，我们更加深切的感受到会计实践教学对于应用型人才培养的重要意义，并为此辛勤探索。会计作为一门应用性学科，不但要求学生们具有扎实的理论功底，还需要具备较强的动手能力，能够做到理论与实践的完美结合，从而达到为社会培养所需人才的目的。

成本会计的教育是一门集知识、技能、实训于一体的专业课教育，其基本职能是对企业生产经营管理中发生的成本、费用进行核算和监督，具有很强的实践性。因此，成本会计的实践教学是该课程教学过程中一个重要的、必不可少的环节。

成本会计实训是一门技术性和应用性都很强的学科，是培养学生综合运用所学知识解决专业问题能力的一门实践性学科。成本会计实训能够满足社会对应用型会计人才的需要，培养学生分析问题并解决问题的综合能力，以我国最新的会计制度和会计理论前沿为依据，将会计理论与实践操作有机结合。成本会计作为实训课程，其实践教学将采用“理实一体”“做中教、做中学”的教学形式。着力体现“精讲多练”、“‘教、学、做、评’合一”和“以学生为主体、以教师为主导、以训练为主线”的课程教学改革新思路。让学生独立完成各种成本核算方法的实际操作，加深对成本会计核算过程以及核算方法的理解和掌握，为毕业后从事会计工作打下坚实基础。

本书出版多年，通过不断修订完善，形成了相对合理稳定的体系，一是注重基础；二是注重规范；三是注重实用。本书一方面阐述成本会计学的基础理论，并从本质上把握其内涵；另一方面联系成本会计的实务，尽量使理论和实践紧密结合，努力为成本会计的实践服务。本次修订由苗璐璐负责完成前两个模块，徐哲负责后五个模块的修订工作，保证本书严格按照我国现行的会计准则和会计制度编写。按照实际会计工作中的成本核算流程重新序化课程内容，基于工业企业成本会计核算流程，增加了辅助生产费用的归集与分配，构建了要素费用的归集与分配、制造费用的归集与分配、生产费用在完工产品与在产品之间的分配、产品成本计算的品种法、分批法和分步法7个模块和11个实训。另外，对全书的语言表述及账表进行了润色和完善，力求语言表达更加准确、精炼，账表更加符合实际。

作　者

2018年12月

第三版前言

如今高等教育的教学目标是“培养高等技术应用型人才”，在长期的会计教学和会计实践工作中，我们更加深切的感受到会计实践教学对于应用型人才培养的重要意义，并为此辛勤探索。会计作为一门应用性学科，不但要求学生们具有扎实的理论功底，还需要具备较强的动手能力，能够做到理论与实践的完美结合，从而达到为社会培养所需人才的目的。

成本会计的教育是一门集知识、技能、实训于一体的专业课教育，其基本职能是对企业生产经营管理中发生的成本、费用进行核算和监督，具有很强的实践性。因此，成本会计的实践教学是该课程教学过程中一个重要的、必不可少的环节。

成本会计实训是一门技术性和应用性都很强的学科，是培养学生综合运用所学知识解决专业问题能力的一门实践性学科。成本会计实训能够满足社会对应用型会计人才的需要，培养学生分析问题并解决问题的综合能力，以我国最新的会计制度和会计理论前沿为依据，将会计理论与实践操作有机结合。成本会计作为实训课程，其实践教学将采用“理实一体”“做中教、做中学”的教学形式。着力体现“精讲多练”、“‘教、学、做、评’合一”和“以学生为主体、以教师为主导、以训练为主线”的课程教学改革新思路。让学生独立完成各种成本核算方法的实际操作，加深对成本会计核算过程以及核算方法的理解和掌握，为毕业后从事会计工作打下坚实基础。

本书出版多年，通过不断修订完善，形成了相对合理稳定的体系，一是注重基础；二是注重规范；三是注重实用。本书一方面阐述成本会计学的基础理论，并从本质上把握其内涵；另一方面联系成本会计的实务，尽量使理论和实践紧密结合，努力为成本会计的实践服务。本次修订由苗璐璐负责完成前两个模块，徐哲负责后五个模块的修订工作，保证本书严格按照我国现行的会计准则和会计制度编写。按照实际会计工作中的成本核算流程重新序化课程内容，基于工业企业成本会计核算流程，增加了辅助生产费用的归集与分配，构建了要素费用的归集与分配、制造费用的归集与分配、生产费用在完工产品与在产品之间的分配、产品成本计算的品种法、分批法和分步法7个模块和11个实训。另外，对全书的语言表述及账表进行了润色和完善，力求语言表达更加准确、精炼，账表更加符合实际。

作　者

2018年12月

第二版前言

在长期的会计教学和会计实践工作中，我们深切感受到会计实践教学的重要性，并为此辛勤探索。会计作为一门应用性学科，不但要求学生们具有扎实的理论功底，还需要具备较强的动手能力，能够做到理论与实践的完美结合，从而达到为社会培养所需人才的目的。

成本会计是财务会计的一个重要分支，是财经类本科专业继基础会计、中级财务会计之后开设的一门重要的专业课程，其基本职能是对企业生产经营管理中发生的成本、费用进行核算和监督，具有很强的实践性。因此，成本会计的实践教学是该课程教学过程中一个重要的、必不可少的环节。

成本会计实训是一种理论结合实际，重在能力培养的实践教学形式。这种形式是让学生在按现实复制的环境中，通过教师的指导，运用所学的专业知识，独立地完成各种成本核算方法的实际操作，使学生比较系统地练习工业企业成本核算的基本程序和具体操作方法，加强学生对基本理论的理解、基本方法的运用和基本技能的训练，从而对工业企业成本核算全过程有一个系统、完整的认识，达到对成本会计理论和方法融会贯通的目的，为学生们毕业后走上工作岗位缩短“适应期”，并尽快地胜任成本会计核算工作，奠定坚实的基础。

2006年2月，财政部在颁布了《企业会计准则——基本准则》和38项具体会计准则之后又陆续发布了六项企业会计准则解释、五项年报通知及若干会计处理规定和复函，特别是2014年1月至7月，财政部又陆续发布了新增或修订的八项《企业会计准则》以及一项会计处理规定。修订之后的我国会计准则体系基本上与国际财务报告准则一致，保持了持续趋同。随着我国会计准则体系的不断完善，教材的更新换代，与时俱进，势在必行。为此，我们对《成本会计实训教程》第一版做了相应的修订和完善，以满足读者的需要。

本次修订主要做了以下几个方面的工作：

首先，依据2014年以来财政部陆续发布新增或修订的八项企业会计准则的规定对相关实训模块的内容进行了修改，以保证教材的合规性。

其次，对教材各实训模块中模拟企业的经济业务进行了增减修改，最大限度地以实践工作中发生的经济业务为例，进一步提高了实训的仿真度和真实感。

最后，本次修订还对原书内容不够严谨和不够完善的地方做了修改和补充。

本书由大连财经学院徐哲教授编著，自第一版出版以来得到了各方读者的认可，希望修订后的教材能够继续得到广大读者的再次认可，更期待热心的读者提出宝贵的意见。

本书在修订的过程中，得到了大连市开发区众多企业以及东北财经大学出版社的大力支持和帮助，在此一并表示诚挚的谢意。

本书实训资料中所涉及的企业单位、人员和会计凭证（票据）以及经济业务中的具体数字等纯系虚构，望读者不要误解。

作　者

2015年1月

第一版前言

在长期的会计教学和会计实践工作中，我们深切感受到会计实践教学的重要性并为此辛勤探索。会计作为一门应用性学科，不但要求学生们具有扎实的理论功底，还需要具备较强的动手能力，能够做到理论与实践的完美结合，从而达到为社会培养所需人才的目的。

成本会计是企业财务会计的一个重要分支，是财经类本科专业继基础会计、中级财务会计之后开设的一门重要的专业课程，其基本职能是对企业生产经营管理中发生的成本、费用进行核算和监督，具有很强的实践性。因此，成本会计的实践教学是该课程教学过程中一个重要的、必不可少的环节。

常规的成本会计实践教学不外乎两种方式：一种方式是让学生到企业（主要是制造业），在老师的现场指导下，从事具体的成本会计核算工作，进行实际训练；另一种方式是在校内进行模拟实训。但是，随着我国经济的飞速发展，企业在激烈的市场竞争情况下，一方面对外来实习的学生难以顾及，另一方面会计专业学生的实习具有特殊性，他们需要接触和了解企业的会计资料，而企业的会计资料大都属于企业的商业秘密，成本会计资料更是如此，因此，企业一般不会放手学生介入实际的经济业务。鉴于上述原因，目前，会计专业学生到社会实际工作中进行实习的机会越来越少，即使有的学生有机会到实际工作岗位去实践，校方对于实施检查、监督也是力不从心，实习效果并不好，学校在校外实践教学环节遇到的困难日显突出。因此，校内实践教学环节的加强显得甚为重要。

传统的成本会计校内实践教学大都是放在会计综合模拟实验中进行手工或电算化实习，而会计综合模拟实验是在学生学完基础会计、中级财务会计和成本会计课程之后安排的一个综合实践环节，该实验滞后于成本会计课程的教学，即成本会计的理论学习未能与其实践学习同步，这样不利于成本会计理论与实践的及时结合，影响教学效果。另外，我们在讲授成本会计课程时感到：目前的《成本会计》本科教材都比较重视成本核算理论、方法的介绍，涉及成本会计账务处理以及成本会计循环的内容却较少，这样就导致学生对成本计算方法、理论理解上的困难。

成本会计实训是一种理论结合实际，重在能力培养的实践教学形式。这种形式是让学生在按现实复制的环境中，通过教师的指导，运用所学的专业知识，独立地完成各种成本核算方法的实际操作，使学生比较系统地练习工业企业成本核算的基本程序和具体操作方法，加强学生对基本理论的理解、基本方法的运用和基本技能的训练，从而对工业企业成本核算全过程有一个系统、完整的认识，达到对成本会计理论和方法融会贯通的目的，为他们毕业后走上工作岗位缩短“适应期”，并尽快地胜任成本会计核算工作，奠定坚实的基础。

本教材最好与成本会计课程的讲授同步进行，即相关的成本会计理论讲完之后，就进行相关的实训练习。如果受实际教学学时所限，也可以在课程讲完以后，集中安排时间实训，实训时间建议安排一周。在上成本会计实训课程前，教师应要求学生对已经学过的《成本会计》课程的主要内容进行复习，学生应提前阅读本教程的有关内容，掌握每个实训项目的目的和要求，熟悉模拟企业的概况及有关资料，并结合成本会计教材认真预习相关知识点。在成本会计实训过程中，教师应结合《内部会计控制规范——成本费用》向学生阐明如何具体执行国家有关财务会计制度，严格遵守成本开支范围和费用开支标准进行成本核算，努力加强学生对政策法规的了解。在实训过程中，学生必须严格按照《会计基础工作规范》的要求，编制凭证、登记账簿以及编制报表。实训要求使用统一、真实的会计凭证、账页。实训中，要求将原始凭证裁剪下来，粘贴在相关的记账凭证后；实训结束后，应将每一实训所用的凭证、账页按规范的方法分别装订成册，作为会计档案妥善保管。全部实训要由一个人独立完成，以便学生对工业企业各种成本会计核算方法有一个完整的认识。

每个模块实训结束后，对学生独立完成的实训资料进行评价。一般评分参考标准为：成本业务的核算占60%；凭证编制是否正确、规范占15%；账簿登记是否正确、规范占15%；会计档案的装订归档占10%。

在此要加以说明的是，本书涉及的实训单位和经济业务中的具体数字等纯系虚构，望读者不要误解。

本书可以作为高等院校工商管理、会计、财务管理等经济管理类专业的成本会计实训教材，也可以作为有一定经济管理知识的专业人士学习成本会计的辅助材料。

本书由东北财经大学博士生导师陈国辉教授、东北财经大学津桥商学院徐哲副教授编著，在编写本书的过程中我们参阅了国内外大量的文献和资料，向这些文献的作者表示最诚挚的谢意。

由于时间和水平有限，不足之处在所难免，敬请读者批评指正。

作　者
2011年1月于大连

目　　录

设计丰富、逼真、系统的企业会计业务操作系统，使学生真实体验会计信息确认、分析、归集、编报、输出的过程。

随着经济的发展，企业特别是工业企业（制造业）急需具有扎实专业基础并且勤劳肯干的成本会计人才。这些企业要求会计专业毕业生尽量缩短工作适应期，能尽快独立地进行会计操作，胜任会计工作。为了培养合格的成本会计人才，满足会计部门的实际需要，我们必须重视成本会计实训教学。为开展好成本会计实践性教学，首先必须明确成本会计实训教学的目的：

（1）成本会计模拟实训主要是通过会计实验室、课堂等场所进行成本会计核算的模拟实训，以使学生掌握填制和审核工业企业在产品生产过程中产生的各种原始凭证、编制和审核记账凭证、编制原始凭证汇总表和汇总记账凭证，以及登记各种日记账、明细账和总账的方法，从而熟练掌握成本会计账务处理程序。

（2）通过成本会计模拟实训，再对照成本会计理论教材学习，把所学的基本理论、基本原理和基本技术方法与成本会计具体核算操作的实际相结合，坚持理论联系实际，从而加深对成本会计专业的认识，提高对所学专业的兴趣。

（3）通过成本会计模拟实训，成本会计实际工作者或学生可以检验自己的实际操作能力，结合会计工作达标准、上等级的要求，使成本会计核算程序规范化、方法标准化、操作统一化。

（4）在成本会计核算实际操作的过程中，要把具体核算步骤同所学的基本理论和基本方法结合起来，通过边实训、边学习、边思考和边总结，巩固所学的成本会计基本理论和方法，并弥补书本知识的不足。

（5）通过成本会计模拟实训，培养会计人员懂理论、善操作的理论联系实际的工作作风，造就大批对本职工作认真、细致、踏实肯干、兢兢业业的会计人员。

三、成本会计模拟实训的任务

通过成本会计模拟实训，可以学到课堂教学中学不到的东西，解决仅靠书本理论无法解决的问题。为更好地发挥成本会计模拟实训的作用，必须明确成本会计模拟实训的任务，具体概括如下：

（1）成本会计模拟实训是解决成本会计教学中理论与实践脱节问题，以培养学生树立理论联系实际的良好学风为目的。因此，在成本会计模拟实训过程中，每个学生都应较为熟练地编制和审核会计凭证、登记会计账簿。

（2）通过成本会计模拟实训，学生应掌握在不同会计核算形式（或账务处理程序）下，不同规模的企业会计核算的方法和技能，以便能够在将来工作中结合企业的实际情况，科学、合理地组织会计核算。

（3）通过成本会计模拟实训，使实训者达到可直接上岗操作的程度。

（4）成本会计模拟实训的实质是解决学习者实际操作的问题，在强调增强实践知识、提高实际操作能力的同时，不能忽视理论学习和研究。作为学生，应首先学懂、弄通成本会计的基本理论、基本概念和基本原理，然后才能用它们去指导实

总　论

一、会计模拟实训的意义

会计教学过程是教和学相长的过程。教师给学生们讲授的会计基本理论、基本原理和基本技术方法，都是他们在长期的生产实践中不断总结、概括并借鉴前人科学和先进经验形成的。离开了会计实践也就无法概括、总结出相应的会计理论。实践是人类在一定社会组织中有目的地认识世界、改造世界的物质活动。实践是认识的基础，在认识活动中起着决定性的作用。学生在课堂上接受老师的理论讲解，从书本中学习的也只是理论上的叙述。特别是近年来，一些大中专财经院校会计专业的学生，由于受一定的条件限制，如经费紧张等，到实际部门进行实践的机会较少，即使到了实践中，也很难“真刀真枪”地进行实际操作，致使有些学生眼高手低，看着容易，做起来难，毕业后到实际工作部门不能马上适应实际工作的需要。为此，有必要加强会计实训教学，培养出会计应用型人才。从事实际工作的部分会计人员，由于没有受过严格的、正规的、系统的理论和实践培训，对本单位的经济业务进行会计核算操作也很不正规，大都沿袭前任会计人员的具体做法进行操作，使会计实际操作结果五花八门，缺乏规范化、正规化和系统化。鉴于此，有必要开展会计实训教学。为此，我们组织编写了这本《成本会计实训教程》，它是实践成本会计基本理论、基本原理和基本技术的重要环节。学习这本模拟实训教程，可以缩短会计专业在校学生或理论研究者从事实践的距离；掌握这本模拟实训教程中的内容，可以使成本会计工作者从事会计实践操作更加正规化、规范化和系统化；使用这本模拟实训教程，可以为开展成本会计实践教学创造条件；借鉴这本模拟实训教程，可以为研究成本会计实践教学法闯出新路。

二、成本会计模拟实训的目的

会计理论来源于会计实践，又指导会计实践，且必须应用于社会实践。汇集了企业生产经营各方面信息的会计工作，在企业中属于掌握商业秘密的岗位，企业一般不便接受在校学生的实地参观、实践，这种工作性质，使得成本会计课程的社会实践受到限制。这点与企业非常欢迎学生参与其销售实践的市场营销课程不同。因此，成本会计课程的社会实践主要采取在学校实验室以会计模拟的方式进行，通过

践，并为实践服务。

总而言之，成本会计模拟实训的目的就是让实训者了解成本会计循环的基本要素和基本步骤，强化对成本会计循环要素的感性认识，掌握会计凭证和会计账簿的填制方法，明确会计工作的规范要求，系统地掌握工业企业成本核算业务的会计处理过程，进一步加强对所学成本会计理论知识的理解和掌握。

四、成本会计模拟实训的内容

成本会计模拟实训主要包括：

（1）工业企业产品生产过程中相关原始凭证的填制和审核；

（2）根据审核无误的原始凭证填制记账凭证并审核；

（3）根据企业的需要设置各种日记账、明细账和总账；

（4）根据审核无误的记账凭证登记各种日记账、明细账和总账；

（5）按照实训要求的成本计算方法计算产品成本。

五、成本会计模拟实训的要求

实施成本会计模拟实训时，一般应遵守以下要求：

（1）以模拟企业实际发生的经济业务作为实训内容，实训时间为17课时，安排在成本会计课程相关内容讲授之后或全部课程讲授之后集中实训。各实训模块的建议教学时数参见各实训模块教学时数分配表。

各实训模块教学时数分配表

实训模块		学时数
模块一	实训一	2
	实训二	1
模块二		2
模块三		1
模块四	实训一	1
	实训二	1
	实训三	1
模块五		2
模块六		2
模块七	实训一	2
	实训二	2
合计		17

（2）完全按照生产企业或实际部门组织成本会计核算的程序、方法及所使用的

真实的证、账、表来组织成本会计模拟实训，使成本会计模拟实训更具真实感。

（3）实施成本会计模拟实训时，必须按照会计制度规定用蓝、黑墨水笔填制凭证、登记账簿，不得随意用红笔记录。

（4）会计数码的书写要符合要求，发现登账、结转和结账过程中有记账错误时，必须用正确的方法予以更正，否则考核时视为不符合模拟实训要求。

（5）模拟实训的业务内容和类型是企业实际发生的经济业务，并且按财政部最新会计准则的规定进行核算和操作。

（6）模拟实训操作结束后，应按成本会计模拟实训考核规定和考核标准进行对照检查，对每个模拟实训者进行综合评价，评定出实训者的实训成绩。

六、成本会计模拟实训的方法

成本会计模拟实训的方法是完成成本会计模拟实训任务，达到成本会计模拟实训目的的一种手段，其具体包括：

（1）明确模拟实训的具体目的和要求；

（2）审查和分析所要实训的经济业务的内容、性质和类别；

（3）根据审核无误的各类原始凭证，编制记账凭证；

（4）根据收、付款记账凭证，登记库存现金日记账、银行存款日记账；

（5）根据原始凭证或记账凭证，登记各种明细账；

（6）根据记账凭证、科目汇总表或汇总记账凭证登记总账。

在具体实施成本会计模拟实训时，从其方法角度看，应满足成本会计模拟实训的各项要求，并符合会计的一般惯例。

七、成本会计模拟实训的组织形式

成本会计模拟实训有以下几种组织形式，实训者可根据不同情况灵活选用：

（1）单人实训，即每个参加实训的人员均要独立完成成本会计实训的全过程，在实训过程中一个人需要担任不同角色，不断转换角色。

（2）分组实训，即每两人组成一组，组员共同讨论、各有分工，共同完成成本会计模拟实训。

（3）分组分角色实训，即四人左右组成一组，小组每个成员均有固定角色，如出纳、记账会计、主管会计等，在分工、牵制的基础上共同完成成本会计模拟实训。

八、实训报告的撰写

实训报告是对实训过程及结果的一种总结，通过编写实训报告，把实训过程中的感悟予以归纳。具体来说，实训报告应包括以下内容：

（1）实训内容；

（2）实训过程中遇到的问题及解决的具体办法；

（3）实训体会；

（4）实训建议。

九、成绩考核

（一）成绩考核的基本规定

（1）操作人员每完成一项实训模块，必须进行成绩考核，确认是否达到规定标准。达到规定标准的可以进行下一项实训模块操作；未达到规定标准的应继续进行本项实训，直至达到规定标准。

（2）实训成绩考核应严格按有关规定进行，切实使操作者通过本套模拟实训课程熟悉成本会计工作的必要环节和基本要求，达到或基本达到从事成本会计工作的水平。

（3）成绩考核应按个人进行，实行独立操作、逐个考核、区别对待，使每个操作者都能达到标准。

（4）成绩考核的基本内容以完成实训课的项目为主，着重考核基本功，包括：

①掌握成本会计基本原理的情况。对操作人员最基本的要求就是能够正确地、及时地记账、算账和报账。熟练地掌握科学的成本会计方法，从填制审核凭证开始，到记账、过账、对账都能运用自如并符合规定。

②掌握核算基本技能的情况。在实际操作演练中是否能够熟练地应用计算技术，求得准确的数据资料。

③熟悉会计制度的情况。操作人员不仅要领会会计制度的本质，还必须熟悉它的具体规定和要求，并正确地反映在会计监督上。

④懂得模拟企业经济业务的情况。只有懂得经济业务才能正确地反映经济业务，才能加强管理，才能及时发现问题、提出建议、改进工作，发挥会计应有的作用。

（二）成绩评分参考标准

（1）分数等级：优秀——90~100分；良好——80~89分；中等——70~79分；及格——60~69分；不及格——60分以下。

（2）分数比例：正确性——60分；规范性——20分；及时性——10分；实习纪律——10分。

另外，凡出现下列情况之一者，应评定为不及格：

①会计凭证、会计账簿之间的数据出现严重不符者，例如，记账凭证没有相应的附件；有记账凭证而未登记入账；会计账簿中有记录但没有相应的记账凭证。

②出勤率未达到80%以上者。

③有明显抄袭行为者。

④严重违反实验室管理制度者。

模块一　要素费用的归集与分配实训

一、实训目的

通过对模拟企业材料费用和工资费用进行归集和分配，掌握材料费用和工资费用归集和分配的基本原理和方法，熟练掌握材料费用和工资费用归集和分配的账务处理流程。

二、理论知识点

费用是指一定时期内企业在生产经营过程中所发生的各种耗费的货币表现。企业在生产过程中为生产一定的产品而发生的各种耗费，称为生产费用。生产费用不外乎是劳动对象消耗的费用、劳动手段消耗的费用和活劳动中必要劳动消耗（或构成成本的活劳动费用）的费用。这种按费用的经济内容（或性质）不同所进行的分类，在会计上称为生产要素费用。

工业企业的生产要素费用一般有外购材料、外购燃料、外购动力、工资、折旧费以及其他支出。这些在产品生产过程中发生的各项生产费用，应采用一定的方法进行归集并分配计入产品成本中。

要素费用归集和分配的一般原则可概括为：凡是属于直接费用的应直接计入产品成本；属于间接费用的经归集和分配后，计入产品成本。

要素费用分配的一般程序是：

（1）根据发生费用的原始凭证或原始凭证汇总表，编制费用分配表或费用汇总分配表，并编制记账凭证；

（2）根据原始凭证或记账凭证登记各种成本明细账；

（3）根据记账凭证登记成本类总账。

本实训模块就是对模拟企业主要要素费用的归集和分配进行实训，包括材料费用的归集和分配、工资费用的归集和分配两个实训环节。通过这两个环节的实训，掌握要素费用的归集和分配方法以及相应的账务处理。

（一）材料费用

1. 材料费用的内容

材料是生产过程中的劳动对象；材料费用是企业在生产过程中使用材料所发生的费用，包括产品制造过程中耗用的各种原料、主要材料、辅助材料、外购零部件、自制半成品、修理用备件、燃料、低值易耗品和包装物等费用。

2. 材料费用的归集

材料费用的归集是指将一定会计期间企业在生产经营过程中消耗的材料费用，按其发生的地点和用途进行合计、汇总的过程，是进行材料费用分配的基础和前提。材料发出时，首先，应办理必要的手续，即在领料时，应由专人负责，并由有关人员签字审核后才能领料。其次，领料时要填制有关的原始凭证。发出材料的原始凭证通常包括领料单、限额领料单、领料登记表及退料单等。企业应根据领用材料的具体情况，选择采用某种领料凭证。领料时要填制的有关原始凭证是材料费用归集的依据。月末，财务部门根据各种领料凭证编制领料凭证汇总表。

3. 材料费用的分配

（1）材料费用分配的原则

材料费用的分配就是按照材料的用途把费用计入成本计算对象中去。

生产过程中领用的材料，凡是能根据领料凭证直接确定其被某种产品耗用的，可直接记入其“生产成本”账户及所属明细账（或成本计算单）中的“直接材料”成本项目。凡不能根据领料凭证，直接确定其被某种产品耗用，即几种产品共同耗用一种材料，应采用适当方法在相关产品之间进行分配后记入各相关产品成本明细账（或成本计算单）中的“直接材料”成本项目。对于基本生产车间、辅助生产车间等发生的一般性材料费用，应先记入有关“制造费用”明细账的相关项目中。对于行政管理部门发生的材料费用，应记入“管理费用”账户中。

在材料费用的分配过程中，对于直接用于生产各种产品的材料，如果数量较少，金额较小，根据重要性原则，可以采用简化的分配方法，即全部记入“制造费用”账户中，以省去一些复杂的计算分配工作。

（2）材料费用分配的方法

材料费用分配的方法是针对几种产品共同耗用某种材料时而采用的方法。不论采用何种方法对材料费用进行分配，首先应确定分配标准。原材料费用的分配标准有多种，一般按产品的重量、体积进行分配，在材料消耗定额比较准确的情况下，原材料及主要材料费用可以按产品的材料定额消耗量或材料定额费用比例进行分配。

材料费用的分配，是通过编制“材料费用分配表”的方式进行的。月末，企业各车间、部门，应根据领料凭证汇总表编制“材料费用分配表”，并在此基础上，汇总编制“材料费用汇总分配表”。

（二）工资费用

1.工资费用的内容

工资，广义上又称职工薪酬。2006年6月，财政部颁布了《企业会计准则第9号——职工薪酬》（以下简称职工薪酬准则）；2014年1月27日，财政部又对该准则进行了修订并自2014年7月1日起在所有执行企业会计准则的企业范围内施行。新修订的职工薪酬准则将职工薪酬界定为“企业为获得职工提供的服务或解除劳动关系而给予的各种形式的报酬或补偿”。职工薪酬准则规定的职工薪酬主要包括以下内容：

（1）短期薪酬

①职工工资、奖金、津贴和补贴；

②职工福利费；

③医疗保险费、工伤保险费和生育保险费等社会保险费；

④住房公积金；

⑤工会经费和职工教育经费；

⑥短期带薪缺勤；

⑦短期利润分享计划；

⑧其他短期薪酬。

（2）离职后福利

（3）辞退福利

（4）其他长期职工福利

企业在一定时期内支付给职工的薪酬总额（予以资本化的除外）形成了企业的工资费用，即人工成本。

2.工资费用的归集

工资费用的归集过程即企业计算出一定期间内应付职工薪酬总额的过程。在实践工作中，是通过编制“职工工资单”的形式进行的。“职工工资单”应按车间、部门进行编制，以便反映每个职工工资的详细情况，并作为企业与职工工资结算的原始记录。为反映企业职工工资的结算情况，财务部门应根据各车间、部门的职工工资单，汇总编制“工资结算汇总表”，作为确定职工薪酬的依据。

3.工资费用的分配及方法

工资费用应按其发生的地点和用途进行分配。对于生产车间直接从事产品生产的生产工人工资，应记入“生产成本”科目中的“直接工资”成本项目中；生产车间管理人员的工资，应记入“制造费用”科目；行政管理人员的工资应列入“管理费用”科目中；固定资产大修理等工程人员的工资，应记入“在建工程”科目中；专设销售机构人员的工资，则应列入“销售费用”科目中。根据这一分配原则和“工资结算汇总表”提供的资料，编制“工资费用分配表”。

对于生产车间发生的直接工资费用用于生产一种产品时，可将其全部列入该产品的成本；如果生产几种产品，则应采用一定的方法分配计入各种产品成本中。直接工资费用一般按实际工时或定额工时的比例进行分配。其计算公式如下：

$$直接工资费用分配率=\frac{直接工资总额}{各种产品实际（或定额）工时之和} \tag{1.1}$$

$$某种产品应分配的直接工资=该产品实际（或定额）工时\times直接工资费用分配率 \tag{1.2}$$

实训一　材料费用的归集和分配实训

一、实训所需条件

（一）实训所需资料。

1.企业基本情况。

大连重型机械厂设有一个基本生产车间和供电、机修两个辅助生产车间。基本生产车间常年生产甲、乙、丙三种产品。辅助生产车间为基本生产车间以及企业其他部门提供服务。该企业属于一般纳税人。

2.企业成本核算的有关规定。

（1）开设“生产成本”科目，对各生产车间发生的生产费用进行总分类核算；二级科目按“基本生产成本”和“辅助生产成本”开设；三级科目按车间或产品品种开设。开设“制造费用”科目，对基本生产车间发生的各项制造费用进行核算，辅助生产车间发生的各项制造费用不通过“制造费用”科目核算。

（2）材料费用的分配采用定额耗用量比例分配法。

（3）低值易耗品采用分次摊销法摊销（摊销期为8月、9月和10月）。

（4）采用通用记账凭证格式。

（5）企业的账务循环程序采用科目汇总表账务循环程序。

3.该企业2018年8月的产量及有关消耗定额见表1-1。

表1-1　**产量及有关消耗定额**

产品	实际产量（件）	所耗材料C		单位定额（千克）
		单价（元/千克）	所耗总量（千克）	
甲	160	4.50	1 600	4
乙	110			2.5
丙	320			5

4.大连重型机械厂2018年8月发生的有关材料消耗以及材料费用分配的业务及每项业务对应的原始凭证如下（见表1-2至表1-13）。

（1）8月1日，基本生产车间工人王海，领用螺纹钢材一批，用于生产甲产品。（对应的领料单见NO：001）

（2）8月3日，基本生产车间工人王海，领用板材一批，用于生产乙产品。（对应的领料单见NO：002）

（3）8月3日，基本生产车间工人杨明，领用线材一批，用于生产丙产品。（对应的领料单见NO：003）

（4）8月6日，基本生产车间工人杨明，领用材料C，用于生产甲、乙、丙三种产品。（对应的领料单见NO：004）

（5）8月16日，供电车间工人李强，领用燃料油一批，用于发电。（对应的领料单见NO：005）

（6）8月17日，机修车间工人赵林，领用机器配件一批，用于车间设备的维护。（对应的领料单见NO：006）

（7）8月18日，供电车间工人张敏，为车间工人领用工作服（低值易耗品）一批。（对应的领料单见NO：007）

（8）8月20日，机修车间工人张卫，为车间工人领用防护手套（低值易耗品）一批。（对应的领料单见NO：008）

（9）8月22日，基本生产车间工人李河，领用机油一批，用于车间设备的维护。（对应的领料单见NO：009）

（10）8月22日，基本生产车间工人李河，为车间工人领用工作服（低值易耗品）一批。（对应的领料单见NO：010）

（11）8月25日，企业办公室主任李佳领用线材一批，用于财务部门制作防盗护栏。（对应的领料单见NO：011）

（12）8月28日，企业为行政管理部门配备自动饮水机（低值易耗品），已由办公室主任李佳领出并发放。（对应的领料单见NO：012）

表 1-2

领 料 单

领料部门：基本生产车间　　　开票日期　2018年8月1日　　　NO：001

材料编号	材料名称	规格	单位	请领数量	实发数量	价格	
						单价	金额
180	螺纹钢		吨	1	1	3 000	3 000
用途	生产甲产品	领料部门		发料部门			
		负责人	领料人	核准人	发料人		
		赵东	王海	李强	王记		

第二联　记账联

表 1-3

领 料 单

领料部门：基本生产车间　　　开票日期　2018年8月3日　　　NO：002

材料编号	材料名称	规格	单位	请领数量	实发数量	价格	
						单价	金额
190	板材		吨	0.5	0.5	2 000	1 000
用途	生产乙产品	领料部门		发料部门			
		负责人	领料人	核准人	发料人		
		赵东	王海	李强	王记		

第二联　记账联

表 1-4

领 料 单

领料部门：基本生产车间　　　开票日期　2018年8月3日　　　NO：003

材料编号	材料名称	规格	单位	请领数量	实发数量	价格	
						单价	金额
170	线材		吨	2	2	2 500	5 000
用途	生产丙产品	领料部门		发料部门			
		负责人	领料人	核准人	发料人		
		赵东	杨明	李强	王记		

第二联　记账联

表 1-5

领 料 单

领料部门：基本生产车间　　　开票日期　2018年8月6日　　　NO：004

材料编号	材料名称	规格	单位	请领数量	实发数量	价格	
						单价	金额
160	材料C		千克	1 600	1 600	4.50	7 200
用途	甲、乙、丙产品共用	领料部门		发料部门			
		负责人	领料人	核准人	发料人		
		赵东	杨明	李强	王记		

第二联　记账联

表 1-6

领料单

领料部门：供电车间　　开票日期　2018年8月16日　　NO：005

材料编号	材料名称	规格	单位	请领数量	实发数量	价格	
						单价	金额
200	燃料油		吨	2	2	5 000	10 000
用途	发电	领料部门			发料部门		
		负责人	领料人		核准人	发料人	
		张峰	李强		李强	王记	

第二联 记账联

表 1-7

领料单

领料部门：机修车间　　开票日期　2018年8月17日　　NO：006

材料编号	材料名称	规格	单位	请领数量	实发数量	价格	
						单价	金额
150	机器配件		件	10	10	260	2 600
用途	机物料消耗	领料部门			发料部门		
		负责人	领料人		核准人	发料人	
		周凯	赵林		李强	王记	

第二联 记账联

表 1-8

领料单

领料部门：供电车间　　开票日期　2018年8月18日　　NO：007

材料编号	材料名称	规格	单位	请领数量	实发数量	价格	
						单价	金额
	工作服		件	20	20	80	1 600
用途	低值易耗品	领料部门			发料部门		
		负责人	领料人		核准人	发料人	
		张峰	张敏		李强	王记	

第二联 记账联

表 1-9

领料单

领料部门：机修车间　　开票日期　2018年8月20日　　NO：008

材料编号	材料名称	规格	单位	请领数量	实发数量	价格	
						单价	金额
	防护手套		双	10	10	3	30
用途	低值易耗品	领料部门			发料部门		
		负责人	领料人		核准人	发料人	
		周凯	张卫		李强	王记	

第二联 记账联

表 1-10

领料单

领料部门：基本生产车间　　开票日期　2018年8月22日　　NO：009

材料编号	材料名称	规格	单位	请领数量	实发数量	价格	
						单价	金额
	机油		吨	0.5	0.5	800	400

用途		领料部门		发料部门	
用途	机物料消耗	负责人	领料人	核准人	发料人
		赵东	李河	李强	王记

第二联 记账联

表 1-11

领料单

领料部门：基本生产车间　　开票日期　2018年8月22日　　NO：010

材料编号	材料名称	规格	单位	请领数量	实发数量	价格	
						单价	金额
	工作服		件	30	30	3	90

用途		领料部门		发料部门	
用途	低值易耗品	负责人	领料人	核准人	发料人
		赵东	李河	李强	王记

第二联 记账联

表 1-12

领料单

领料部门：行政管理部门　　开票日期　2018年8月25日　　NO：011

材料编号	材料名称	规格	单位	请领数量	实发数量	价格	
						单价	金额
170	线材		吨	0.1	0.1	2 500	250

用途		领料部门		发料部门	
用途	制作防盗护栏	负责人	领料人	核准人	发料人
		吴昊	李佳	李强	王记

第二联 记账联

表 1-13

领料单

领料部门：行政管理部门　　开票日期　2018年8月28日　　NO：012

材料编号	材料名称	规格	单位	请领数量	实发数量	价格	
						单价	金额
	自动饮水机		台	1	1	280	280

用途		领料部门		发料部门	
用途	低值易耗品	负责人	领料人	核准人	发料人
		吴昊	李佳	李强	王记

第二联 记账联

（二）实训所需真实的通用记账凭证5张，活页式生产成本明细账5张，活页式多栏明细账2张，数量金额式明细账7张，凭证封皮1张，以及实训所需的剪刀、直尺、胶水、印台、计算器、档案袋、装订线、装订机等工具。

二、实训要求

（1）根据领料单编制领料凭证汇总表（参考格式见表1-14）。

（2）根据领料凭证汇总表编制材料费用分配表（参考格式见表1-15）。

（3）根据本月发生经济业务的原始凭证编制记账凭证。

（4）根据编制的记账凭证登记有关的明细账。

（5）编制科目汇总表并登记有关的总账（科目汇总表参考格式见表1-16，每月汇总编制一次）。

（6）计算的中间结果保留四位小数，最终结果保留两位小数。

（7）有关自制原始凭证的参考格式见表1-14至表1-16（实训中所用到的记账凭证、账页均采用实际工作中所用的真实的凭证与账页，其格式从略）。

表1-14　　**领料凭证汇总表**

2018年8月　　单位：元

部门／金额／材料	基本生产车间		辅助生产车间		行政管理部门	合计
	产品用	车间一般耗用	供电车间	机修车间		

业务主管部门：　　审核：　　制表：

表 1-15

材料费用分配表

2018年8月　　金额单位：元

<table>
<tr><th colspan="2" rowspan="2">分配对象</th><th rowspan="2">成本费用项目</th><th rowspan="2">直接计入金额</th><th colspan="3">分配计入金额</th><th rowspan="2">合计</th></tr>
<tr><th>分配标准（定额耗用量）</th><th>分配率</th><th>金额</th></tr>
<tr><td rowspan="6">基本生产车间</td><td>甲</td><td>直接材料</td><td></td><td></td><td rowspan="3"></td><td></td><td></td></tr>
<tr><td>乙</td><td>直接材料</td><td></td><td></td><td></td><td></td></tr>
<tr><td>丙</td><td>直接材料</td><td></td><td></td><td></td><td></td></tr>
<tr><td colspan="2">小计</td><td></td><td></td><td></td><td></td><td></td></tr>
<tr><td rowspan="2">一般耗用</td><td>机物料消耗</td><td></td><td></td><td></td><td></td><td></td></tr>
<tr><td>低值易耗品</td><td></td><td></td><td></td><td></td><td></td></tr>
<tr><td rowspan="5">辅助生产车间</td><td rowspan="2">供电车间</td><td>燃料费</td><td></td><td></td><td></td><td></td><td></td></tr>
<tr><td>低值易耗品</td><td></td><td></td><td></td><td></td><td></td></tr>
<tr><td rowspan="2">机修车间</td><td>机物料消耗</td><td></td><td></td><td></td><td></td><td></td></tr>
<tr><td>低值易耗品</td><td></td><td></td><td></td><td></td><td></td></tr>
<tr><td colspan="2">小计</td><td></td><td></td><td></td><td></td><td></td></tr>
<tr><td colspan="2" rowspan="2">行政管理部门</td><td>修理费</td><td></td><td></td><td></td><td></td><td></td></tr>
<tr><td>低值易耗品</td><td></td><td></td><td></td><td></td><td></td></tr>
</table>

业务主管部门：　　审核：　　制表：

表 1-16

科目汇总表

2018年8月31日　　科汇　号

<table>
<tr><th rowspan="2">会计科目</th><th colspan="2">本期发生额</th><th rowspan="2">记账</th></tr>
<tr><th>借方</th><th>贷方</th></tr>
<tr><td></td><td></td><td></td><td></td></tr>
<tr><td></td><td></td><td></td><td></td></tr>
<tr><td></td><td></td><td></td><td></td></tr>
<tr><td></td><td></td><td></td><td></td></tr>
<tr><td></td><td></td><td></td><td></td></tr>
<tr><td></td><td></td><td></td><td></td></tr>
<tr><td></td><td></td><td></td><td></td></tr>
<tr><td>合计</td><td></td><td></td><td></td></tr>
</table>

业务主管部门：　　审核：　　制表：

三、实训组织方法及步骤

本实训安排在相关理论知识讲授完之后进行，在实训指导教师的指导下，由学生本人独立完成。学生以班级为单位统一到会计手工模拟实验室进行实训。实训前要求学生对相关知识进行预习，特别是要对基础会计中的有关记账凭证的编制和账簿登记的有关规定进行复习。实训的具体步骤如下：

（1）开设相关的总账和明细账。

（2）根据领料单编制领料凭证汇总表。

（3）根据领料凭证汇总表编制材料费用分配表。

（4）根据本月发生的经济业务的原始凭证编制记账凭证，并将相关的原始凭证附在其后。

（5）学生两人一组，互相对所填制的记账凭证进行审核。

（6）根据审核无误的记账凭证登记有关明细账。

（7）根据审核无误的记账凭证编制科目汇总表。

（8）根据科目汇总表登记有关总账。

实训结束后学生应将完成的各种资料装入配发的档案袋中，上交实训指导教师。

本实训计划安排2个学时。

实训参考答案

一、自制原始凭证见表1-17和表1-18：

表1-17 领料凭证汇总表

2018年8月 单位：元

部门 / 金额 / 材料	基本生产车间		辅助生产车间		行政管理部门	合计
	产品用	车间一般耗用	供电车间	机修车间		
螺纹钢	3 000					3 000
板材	1 000					1 000
线材	5 000				250	5 250
材料C	7 200					7 200
燃料油			10 000			10 000
机器配件				2 600		2 600
低值易耗品		90	1 600	30	280	2 000
机油		400				400
合计	16 200	490	11 600	2 630	530	31 450

业务主管部门： 审核： 制表：

表1-18　**材料费用分配表**

2018年8月　金额单位：元

分配对象		成本费用项目	直接计入金额	分配计入金额			合计
				分配标准（定额耗用量）	分配率	金额	
基本生产车间	甲	直接材料	3 000	640	2.8628	1 832.19	4 832.19
	乙	直接材料	1 000	275		787.27	1 787.27
	丙	直接材料	5 000	1 600		4 580.54	9 580.54*
	小计		9 000			7 200	16 200
	一般耗用	机物料消耗	400				
		低值易耗品	90				
辅助生产车间	供电车间	燃料费	10 000				
		低值易耗品	1 600				
	机修车间	机物料消耗	2 600				
		低值易耗品	30				
	小计		14 230				
行政管理部门		修理费	250				
		低值易耗品	280				

业务主管部门：　　审核：　　制表：

*当分配率不能整除时，为了保证分配的总金额等于被分配金额总数，最后一个被分配对象的金额是倒挤来的，下同。

二、会计分录：

1.借：生产成本——基本生产成本（甲）　4 832.19
　　　　　——基本生产成本（乙）　1 787.27
　　　　　——基本生产成本（丙）　9 580.54
　　　　　——辅助生产成本（供电车间）　10 000
　　　　　——辅助生产成本（机修车间）　2 600
　　管理费用　250
　　制造费用　400
　贷：原材料——螺纹钢　3 000
　　　　——板材　1 000
　　　　——线材　5 250
　　　　——材料C　7 200
　　　　——机油　400
　　　　——机器配件　2 600
　　　　——燃料油　10 000

2.借：制造费用　90
　　生产成本——辅助生产成本（供电车间）　1 600
　　　　　　——辅助生产成本（机修车间）　30
　　管理费用　280
　贷：周转材料——低值易耗品　2 000

实训二　工资费用的归集和分配实训

一、实训所需条件

（一）实训所需资料。

1.企业基本情况。

大连重型机械厂设有两个基本生产车间（一车间和二车间）和一个辅助生产车间（供电车间）。一车间常年生产甲、乙、丙三种产品，二车间生产丁产品。辅助生产车间为基本生产车间以及企业其他部门提供电力。

2.企业成本核算的有关规定。

（1）开设“应付职工薪酬”科目，对企业发生的职工薪酬进行总分类核算；二级科目按职工薪酬的种类开设。

（2）工资费用的分配方法采用生产工时比例分配。

（3）按5%计提职工教育经费。

（4）采用通用记账凭证格式。

3.该企业2018年8月基本生产车间生产工时统计见表1-19。

表1-19　**基本生产车间生产工时统计表**

2018年8月　单位：小时

产品名称	生产工时
甲产品	1 500
乙产品	2 800
丙产品	2 500
丁产品	1 000
合计	7 800

4.大连重型机械厂2018年8月财务部门编制的工资结算汇总表见表1-20。

表1-20 **工资结算汇总表**

2018年8月 单位：元

部门		应付标准工资	奖金	津贴和补贴		加班加点工资	特殊情况下支付的工资		应付合计	代扣款项			实发工资
				岗位津贴	副食补贴		病假	探亲		医药费	房租	小计	
一车间	生产工人	63 200	13 000	2 600	14 000	3 000	2 400	250	98 450	1 200	3 200	4 400	94 050
	管理人员	15 000	3 500	—	300	—	250	—	19 050	100	640	740	18 310
二车间	生产工人	27 600	5 760	2 400	600	1 440	520	125	38 445	400	2 100	2 500	35 945
	管理人员	7 900	2 200	—	400	—	320	—	10 820	120	420	540	10 280
供电车间	生产工人	7 450	800	400	2 000	120	45	—	10 815	40	160	200	10 615
	管理人员	3 250	1 800	900	1 000	180	140	—	7 270	450	850	1 300	5 970
行政管理部门		10 320	8 000	—	2 000	—	400	—	20 720	600	480	1 080	19 640
工程部门		35 000	900	—	3 750	—	—	—	39 650	980	1 200	2 180	37 470
合计		169 720	35 960	6 300	24 050	4 740	4 075	375	245 220	3 890	9 050	12 940	232 280

（二）实训所需真实的通用记账凭证6张，活页式生产成本明细账5张，活页式多栏明细账8张，凭证封皮1张，以及实训所需的剪刀、直尺、胶水、印台、计算器、档案袋、装订线、装订机等工具。

二、实训要求

（1）根据工资结算汇总表编制工资费用分配表（参考格式见表1-21）。

（2）编制职工教育经费分配表（参考格式见表1-22）。

（3）根据有关原始凭证编制工资费用分配的记账凭证。

（4）根据编制的记账凭证登记有关的明细账簿。

（5）编制科目汇总表并登记有关的总账。

（6）计算的中间结果保留四位小数，最终结果保留两位小数。

（7）有关自制原始凭证的参考格式见表1-21和表1-22（实训中所用到的记账凭证、账页的格式，请参见实际工作中所用的、真实的凭证与账页，这里从略）。

表 1-21

工资费用分配表

2018年8月

金额单位：元

分配对象		会计科目	直接计入	分配计入			合计
				生产工时	分配率	分配金额	
一车间	甲产品	生产成本					
	乙产品	生产成本					
	丙产品	生产成本					
	小计						
	制造费用						
二车间		生产成本					
供电车间		生产成本					
行政管理部门		管理费用					
工程部门		在建工程					
合计							

业务主管部门：　　　　审核：　　　　制表：

表 1-22

职工教育经费分配表

2018年8月

单位：元

分配对象		会计科目	工资总额	应提职工教育经费（5%）
一车间	甲产品	生产成本		
	乙产品	生产成本		
	丙产品	生产成本		
	小计			
	制造费用			
二车间		生产成本		
供电车间		生产成本		
行政管理部门		管理费用		
工程部门		在建工程		
合计				

业务主管部门：　　　　审核：　　　　制表：

三、实训组织方法及步骤

本实训安排在相关理论知识讲授完之后进行，在实训指导教师的指导下，由学生独立完成。学生以班级为单位统一到会计手工模拟实验室进行实训。实训前要求学生对相关知识进行预习，特别是要对基础会计中有关记账凭证的编制和账簿登记的规定进行复习。实训的具体步骤如下：

（1）开设相关的总账和明细账。

（2）根据工资结算汇总表编制工资费用分配表。

（3）编制职工教育经费分配表。

（4）根据本月发生的经济业务的原始凭证编制记账凭证，并将相关的原始凭证附在其后。

（5）学生两人一组，互相对所填制的记账凭证进行审核。

（6）根据审核无误的记账凭证登记有关明细账。

（7）根据审核无误的记账凭证编制科目汇总表。

（8）根据科目汇总表登记有关总账。

实训结束后学生应将完成的各种资料装入配发的档案袋中，上交实训指导教师。

本实训计划安排1个学时。

实训参考答案

一、自制原始凭证见表1-23和表1-24：

表1-23　　工资费用分配表

2018年8月　　金额单位：元

<table>
<tr><td colspan="2" rowspan="2">分配对象</td><td rowspan="2">会计科目</td><td rowspan="2">直接计入</td><td colspan="3">分配计入</td><td rowspan="2">合计</td></tr>
<tr><td>生产工时（小时）</td><td>分配率</td><td>分配金额</td></tr>
<tr><td rowspan="5">一车间</td><td>甲产品</td><td>生产成本</td><td></td><td>1 500</td><td rowspan="4">14.4779</td><td>21 716.85</td><td>21 716.85</td></tr>
<tr><td>乙产品</td><td>生产成本</td><td></td><td>2 800</td><td>40 538.12</td><td>40 538.12</td></tr>
<tr><td>丙产品</td><td>生产成本</td><td></td><td>2 500</td><td>36 195.03</td><td>36 195.03</td></tr>
<tr><td colspan="2">小计</td><td></td><td>6 800</td><td>98 450</td><td>98 450</td></tr>
<tr><td colspan="2">制造费用</td><td>19 050</td><td></td><td></td><td></td><td>19 050</td></tr>
<tr><td colspan="2">二车间</td><td>生产成本</td><td>49 265</td><td></td><td></td><td></td><td>49 265</td></tr>
<tr><td colspan="2">供电车间</td><td>生产成本</td><td>18 085</td><td></td><td></td><td></td><td>18 085</td></tr>
<tr><td colspan="2">行政管理部门</td><td>管理费用</td><td>20 720</td><td></td><td></td><td></td><td>20 720</td></tr>
<tr><td colspan="2">工程部门</td><td>在建工程</td><td>39 650</td><td></td><td></td><td></td><td>39 650</td></tr>
<tr><td colspan="3">合计</td><td>146 770</td><td>6 800</td><td></td><td>98 450</td><td>245 220</td></tr>
</table>

业务主管部门：　　审核：　　制表：

表1-24　　**职工教育经费分配表**

2018年8月　　单位：元

分配对象		会计科目	工资总额	应提职工教育经费（5%）
一车间	甲产品	生产成本	21 716.85	1 085.84
	乙产品	生产成本	40 538.12	2 026.91
	丙产品	生产成本	36 195.03	1 809.75
	小计		98 450	4 922.50
	制造费用		19 050	952.5
二车间		生产成本	49 265	2 463.25
供电车间		生产成本	18 085	904.25
行政管理部门		管理费用	20 720	1 036
工程部门		在建工程	39 650	1 982.5
合计			245 220	12 261

业务主管部门：　　审核：　　制表：

二、会计分录：

1.借：生产成本——基本生产成本——一车间（甲产品）　21 716.85
　　——一车间（乙产品）　40 538.12
　　——一车间（丙产品）　36 195.03
　　——二车间（丁产品）　49 265
　——辅助生产成本（供电车间）　18 085
　制造费用　19 050
　管理费用　20 720
　在建工程　39 650
　贷：应付职工薪酬——工资　245 220

2.借：生产成本——基本生产成本——一车间（甲产品）　1 085.84
　　——一车间（乙产品）　2 026.91
　　——一车间（丙产品）　1 809.75
　　——二车间（丁产品）　2 463.25
　——辅助生产成本（供电车间）　904.25
　制造费用　952.5
　管理费用　1 036
　在建工程　1 982.5
　贷：应付职工薪酬——职工教育经费　12 261

模块二　辅助生产费用的归集与分配实训

一、实训目的

通过对模拟企业辅助生产费用进行归集和分配，掌握辅助生产费用归集和分配的基本原理和方法，熟练掌握辅助生产费用归集和分配的账务处理流程。

二、理论知识点

（一）辅助生产费用的内容

在制造业中，为了保证生产经营活动的顺利进行，企业除设置基本生产车间外，还设置辅助生产车间或部门。这些车间或部门是为基本生产和经营管理提供产品生产或劳务供应的。辅助生产车间在一定时期内为基本生产车间和行政管理部门提供产品或劳务而发生的各种耗费即为辅助生产费用，具体包括两方面的内容：一是该车间在提供产品或劳务过程中自身发生的各项费用，如直接材料、直接人工、制造费用等；二是从其他辅助生产车间分配进来的费用。当企业存在多个辅助生产部门时，辅助生产部门由于相互提供产品或劳务，从而要负担从其他辅助生产部门分配进来的交互服务费用。

（二）辅助生产费用的归集

为核算辅助生产费用，计算辅助生产成本，应设置“生产成本——辅助生产成本”账户对辅助生产费用进行归集。在该账户下，应分车间按成本计算对象设置明细账，并在明细账中设置专栏进行核算。

“辅助生产成本明细账”的设置应根据各个辅助生产车间的具体情况而定。

1.辅助生产车间只生产一种产品或只提供一种劳务

只生产一种产品或只提供一种劳务的辅助生产车间，如供水、供电、供气、运输等车间，应按车间分别设置“辅助生产成本明细账”，在账内按规定的成本项目设置专栏，车间所发生的所有费用都登记在“辅助生产成本明细账”内。

2.辅助生产车间生产多种产品或提供多种劳务

生产多种产品或提供多种劳务的辅助生产车间，如工具、模型等车间，除了要按车间分别设置“辅助生产成本明细账”外，还应按所生产的各种产品或劳务，分别设置“产品成本计算单”，登记当月发生的直接材料、直接人工等直接成本项目的费用。其他费用可先在“制造费用——辅助生产车间”明细账中进行核算，月末，再采用适当的分配标准，分配记入各有关产品或劳务成本计算单中。辅助生产车间也应根据其生产类型的特点和管理的要求，采用适当的成本计算方法，计算其产品或劳务的成本。

（三）辅助生产费用的分配

辅助生产车间发生的各种费用计入成本、费用的方法是由辅助生产车间提供产品或劳务的性质以及它在生产中的作用决定的。

如果辅助生产车间是生产可入库产品的，如自制工具、自制材料等，在这些产品完工后，应将其成本从“生产成本——辅助生产成本”账户转到“原材料”或“周转材料——低值易耗品”账户。

如辅助生产车间生产不可入库产品，如提供电、水、气等，各辅助生产车间发生的各项费用在按车间设置的“辅助生产成本明细账”进行归集后，月末应按所提供的产品或劳务数量及全月发生费用总额计算单位成本（费用分配率），并按服务对象的耗用量（受益量）进行辅助生产费用的分配。在实际工作中，辅助生产费用的分配方法有直接分配法、一次交互分配法、计划成本分配法、代数分配法和顺序分配法。

1.直接分配法

直接分配法是指把辅助生产车间所发生的实际费用，仅在各基本生产车间和行政管理等部门之间按受益数量进行分配，对于各辅助生产车间之间相互提供的产品或劳务不进行分配的一种辅助生产费用分配方法。

其计算公式为：

$$\begin{array}{c}\text{某辅助生产车间}\\\text{产品或劳务的单位成本}\end{array}=\frac{\text{该辅助生产车间的费用总额}}{\begin{array}{c}\text{该辅助生产车间本月}\\\text{提供产品或劳务总量}\end{array}-\begin{array}{c}\text{其他辅助生产}\\\text{车间耗用量}\end{array}} \quad (2.1)$$

$$\begin{array}{c}\text{某受益部门应分配的}\\\text{辅助生产费用}\end{array}=\text{该部门的受益数量}\times\text{辅助生产车间产品或劳务的单位成本} \quad (2.2)$$

2.一次交互分配法

一次交互分配法是指将辅助生产车间的费用分两次进行分配，第一次只限于各辅助生产车间之间根据相互提供的产品或劳务进行交互分配费用，基本生产车间和行政管理部门等从略；第二次是将辅助生产车间分配前的费用，加上分入费用，减去分出费用，计算出各辅助生产车间的实际费用后，再采用直接分配法，分配给基本生产车间和行政管理部门等受益单位。

第一步：交互分配。

其计算公式为：

$$\text{某辅助生产车间费用分配率}=\frac{\text{该辅助生产车间交互分配前直接发生的费用总额}}{\text{该辅助生产车间提供产品或劳务的总量}} \quad (2.3)$$

$$\begin{array}{c}\text{某辅助生产车间应分配给}\\\text{其他辅助生产车间的费用}\end{array}=\begin{array}{c}\text{该辅助生产车间的}\\\text{受益数量}\end{array}\times\begin{array}{c}\text{辅助生产车间}\\\text{费用分配率}\end{array} \quad (2.4)$$

第二步：对外分配。

其计算公式为：

$$\text{某辅助生产车间费用分配率}=\frac{\text{该辅助生产车间直接发生的费用总额}+\text{其他辅助生产车间分配转入的费用}-\text{该辅助生产车间分配转出的费用}}{\text{该辅助生产车间对外提供产品或劳务的总量}} \tag{2.5}$$

3.计划成本分配法

计划成本分配法是指先按照辅助生产车间提供产品或劳务的计划单价和各受益对象的实际耗用量分配辅助生产费用，然后将辅助生产车间实际发生的费用与按计划分配转出的费用之间的差额再分配给辅助生产部门以外各受益单位负担的一种方法。

其分配程序如下：

（1）将各辅助生产车间的费用按计划单价和实际耗用数量在各受益对象之间进行分配。

（2）将各辅助生产车间实际发生的费用（包括辅助生产车间原来发生的费用加上按计划单价和实际耗用数量计算的、由其他辅助生产车间分配转入的费用）与本车间按计划单价分配转出费用的差额，按一定的标准对外分配。但为了简化计算工作，一般将此差额全部计入管理费用。

4.代数分配法

代数分配法是指根据代数中多元一次联立方程的原理，先计算出各辅助生产车间、部门提供产品或劳务的单位成本，再根据单位成本和受益单位（包括辅助生产车间）耗用的产品或劳务数量计算辅助生产费用的一种方法。

5.顺序分配法

顺序分配法是将各辅助生产车间之间的费用按受益多少的顺序排列，受益少的排列在前，先将费用分配出去，受益多的排列在后，后将费用分配出去的一种分配方法。这里的受益多少是指受益金额的多少，而不是指受益数量的多少。排在前面的辅助生产车间将费用分配给排在后面的辅助生产车间，而不承担后序辅助生产车间的费用；后序车间将前序车间分进来的费用加上本车间的费用再分配给下一顺序的车间，直至分到最后一个车间为止。

其分配的程序如下：

（1）确定各辅助生产车间的受益金额，根据受益金额的大小排列分配的顺序。

（2）按排列顺序依次对各辅助生产费用进行分配。

实训　辅助生产费用的归集与分配实训

一、实训所需条件

（一）实训所需资料。

1.企业基本情况。

大连重型机械厂设有一个基本生产车间和供电、机修两个辅助生产车间。基本

生产车间常年生产甲、乙、丙三种产品。辅助生产车间为基本生产车间以及企业其他部门提供服务。

2.该企业成本核算的有关规定。

（1）开设“生产成本”科目，对各生产车间发生的生产费用进行总分类核算；二级科目按“基本生产成本”和“辅助生产成本”开设；三级科目按车间或产品品种开设。由于各辅助生产车间只生产一种产品（或劳务），因此，各辅助生产车间发生的各项制造费用不通过“制造费用”科目核算。

（2）采用通用记账凭证格式。

（3）企业的账务循环程序采用科目汇总表账务循环程序。

3.2018年8月，该企业两个辅助生产车间提供的产品（或劳务）情况见表2-1。

表2-1　**辅助生产车间提供的产品（或劳务）明细表**

2018年8月

辅助生产车间 / 受益部门	机修车间（工时）	供电车间（度）
供电车间	5 000	—
机修车间	—	3 000
基本生产车间	28 000	4 000
行政管理部门	4 000	2 000
销售部门	6 000	1 500
合计	43 000	10 500

供电车间每度电的计划成本为5元，修理车间每工时的计划成本为0.50元。

4.大连重型机械厂2018年8月各辅助生产车间发生的各项费用的原始凭证见表2-2至表2-7。

表2-2　**甲材料费用分配表**

2018年8月　　单位：元

分配对象		成本项目	金额
一车间	甲产品	直接材料	186 000
	乙产品	直接材料	150 000
	丙产品	直接材料	4 000
机修车间		材料费	20 000
供电车间		材料费	120 000
行政管理部门		修理费	5 000
合计			485 000

表 2-3

工资费用分配汇总表

2018年8月　　单位：元

<table>
<tr><th colspan="2">分配对象</th><th>成本项目</th><th>金额</th></tr>
<tr><td rowspan="3">一车间</td><td>甲产品</td><td>直接人工</td><td>28 000</td></tr>
<tr><td>乙产品</td><td>直接人工</td><td>22 000</td></tr>
<tr><td>丙产品</td><td>直接人工</td><td>8 000</td></tr>
<tr><td colspan="2">机修车间</td><td>工资</td><td>12 000</td></tr>
<tr><td colspan="2">供电车间</td><td>工资</td><td>18 000</td></tr>
<tr><td colspan="2">行政管理部门</td><td>工资</td><td>15 000</td></tr>
<tr><td colspan="2">销售部门</td><td>工资</td><td>7 000</td></tr>
<tr><td colspan="3">合计</td><td>110 000</td></tr>
</table>

表 2-4

职工福利费分配表

2018年8月　　单位：元

<table>
<tr><th colspan="2">分配对象</th><th>成本项目</th><th>金额</th></tr>
<tr><td rowspan="3">一车间</td><td>甲产品</td><td>直接人工</td><td>2 800</td></tr>
<tr><td>乙产品</td><td>直接人工</td><td>2 200</td></tr>
<tr><td>丙产品</td><td>直接人工</td><td>800</td></tr>
<tr><td colspan="2">机修车间</td><td>工资</td><td>1 200</td></tr>
<tr><td colspan="2">供电车间</td><td>工资</td><td>1 800</td></tr>
<tr><td colspan="2">行政管理部门</td><td>工资</td><td>1 500</td></tr>
<tr><td colspan="2">销售部门</td><td>工资</td><td>700</td></tr>
<tr><td colspan="3">合计</td><td>11 000</td></tr>
</table>

表 2-5

固定资产折旧计算表

2018年8月　　金额单位：元

<table>
<tr><th colspan="2">使用部门</th><th>固定资产名称</th><th>原值</th><th>月折旧率（%）</th><th>月折旧额</th></tr>
<tr><td colspan="2" rowspan="2">基本生产车间</td><td>房屋建筑物</td><td>800 000</td><td>0.2</td><td>1 600</td></tr>
<tr><td>机器设备</td><td>600 000</td><td>0.4</td><td>2 400</td></tr>
<tr><td rowspan="4">辅助生产车间</td><td rowspan="2">供电车间</td><td>房屋建筑物</td><td>900 000</td><td>0.2</td><td>1 800</td></tr>
<tr><td>机器设备</td><td>200 000</td><td>0.4</td><td>800</td></tr>
<tr><td rowspan="2">机修车间</td><td>房屋建筑物</td><td>580 000</td><td>0.2</td><td>1 160</td></tr>
<tr><td>机器设备</td><td>260 000</td><td>0.4</td><td>1 040</td></tr>
<tr><td colspan="2" rowspan="2">行政管理部门</td><td>房屋建筑物</td><td>300 000</td><td>0.2</td><td>600</td></tr>
<tr><td>机器设备</td><td>18 000</td><td>0.4</td><td>72</td></tr>
<tr><td colspan="3">合计</td><td>3 658 000</td><td></td><td>9 472</td></tr>
</table>

表 2-6　　以银行存款支付的办公费用和其他费用分配表

2018 年 8 月　　单位：元

分配对象		成本项目	金额
基本生产车间		办公费	3 500
		其他	800
		小计	4 300
辅助生产车间	供电车间	办公费	2 000
		其他	500
		小计	2 500
	机修车间	办公费	2 100
		其他	600
		小计	2 700
行政管理部门		办公费	5 000
		其他	1 800
		小计	6 800
合计			16 300

表 2-7　　外购动力（水）费用分配表

2018 年 8 月

分配对象		外购动力费用		
		耗用量（吨）	单价（元/吨）	金额（元）
基本生产车间	甲产品	12 400	0.4	4 960
	乙产品	34 500	0.4	13 800
	丙产品	13 620	0.4	5 448
	小计	60 520		24 208
辅助生产车间	机修车间	2 400	0.4	960
	供电车间	—	—	—
管理费用		3 280	0.4	1 312
销售费用		1 450	0.4	580
合计		67 650		27 060

（二）实训所需真实的通用记账凭证10张，活页式生产成本明细账5张，活页式多栏明细账3张，数量金额式明细账1张，三栏式明细账5张，凭证封皮1张，以及实训所需的剪刀、直尺、胶水、印台、计算器、档案袋、装订线、装订机等工具。

二、实训要求

（1）根据辅助生产车间本月发生的各项费用的原始凭证编制记账凭证。

（2）分别采用直接分配法、一次交互分配法、计划成本分配法、代数分配法分配辅助生产车间的生产费用（将分配结果填入后面对应的分配表）。

（3）编制分配辅助生产车间生产费用的记账凭证。

（4）登记有关总账和明细账。

（5）计算的中间结果保留四位小数，最终结果保留两位小数。

（6）有关自制原始凭证的参考格式见表2-8至表2-11（实训中所用到的记账凭证、账页的格式，请参见实际工作中所用的、真实的凭证与账页，这里从略）。

表2-8　**辅助生产费用分配表（直接分配法）**

2018年8月　金额单位：元

辅助生产车间	应分配费用	分配数量	分配率	分配额					
				基本生产车间		行政管理部门		销售部门	
				数量	金额	数量	金额	数量	金额
机修车间									
供电车间									
合计									

表2-9　**辅助生产费用分配表（一次交互分配法）**

2018年8月　金额单位：元

名称＼项目		交互分配			对外分配		
		机修	供电	合计	机修	供电	合计
待分配辅助生产费用							
供应劳务总量							
费用分配率							
机修车间	耗用数量						
	分配金额						
供电车间	耗用数量						
	分配金额						
基本生产车间	耗用数量						
	分配金额						
行政管理部门	耗用数量						
	分配金额						
销售部门	耗用数量						
	分配金额						

表 2-10　　**辅助生产费用分配表（计划成本分配法）**

2018年8月　　金额单位：元

辅助生产车间名称		机修车间	供电车间	合计
待分配辅助生产费用				
供应劳务总量				
计划单位成本				
机修车间	耗用数量			
	分配金额			
供电车间	耗用数量			
	分配金额			
基本生产车间（一般耗用）	耗用数量			
	分配金额			
行政管理部门	耗用数量			
	分配金额			
销售部门	耗用数量			
	分配金额			
按计划成本分配金额合计				
辅助生产的实际成本				
辅助生产的成本差异				

表 2-11　　**辅助生产费用分配表（代数分配法）**

2018年8月　　金额单位：元

辅助生产车间名称		机修车间	供电车间	合计
待分配辅助生产费用				
供应劳务总量				
单位成本（费用分配率）				
机修车间	耗用数量			
	分配金额			
供电车间	耗用数量			
	分配金额			
基本生产车间（一般耗用）	耗用数量			
	分配金额			
行政管理部门	耗用数量			
	分配金额			
销售部门	耗用数量			
	分配金额			

辅助生产费用分配表（顺序分配法）见表2-12。

表2-12　**辅助生产费用分配表（顺序分配法）**

2018年8月　金额单位：元

项目	待分配费用	劳务供应量	分配率	分配金额							
				机修车间		基本生产车间		行政管理部门		销售部门	
				数量	金额	数量	金额	数量	金额	数量	金额
供电车间											
机修车间											
合计											

三、实训组织方法及步骤

本实训安排在相关理论知识讲授完之后进行，在实训指导教师的指导下，由学生独立完成。学生以班级为单位统一到会计手工模拟实验室进行实训。实训前要求学生对相关知识进行预习，特别是要对基础会计中的有关记账凭证的编制和账簿登记的规定进行复习。实训的具体步骤如下：

（1）开设相关的总账和明细账。

（2）根据辅助生产车间本月发生的各项费用的原始凭证编制记账凭证并将相关的原始凭证附在其后。

（3）学生两人一组，互相审核所填制的记账凭证。

（4）根据审核无误的记账凭证登记各辅助生产成本明细账并计算出各辅助生产车间所发生的直接费用。

（5）分别采用直接分配法、一次交互分配法、计划成本分配法、代数分配法分配辅助生产车间的生产费用并将分配结果填入后面对应的分配表。

（6）根据辅助生产费用分配表编制记账凭证，并将分配表附在其后。

（7）学生两人一组，互相审核所填制的记账凭证。

（8）根据审核无误的记账凭证登记有关明细账。

（9）根据审核无误的记账凭证编制科目汇总表。

（10）根据科目汇总表登记有关总账。

实训结束后学生应将完成的各种资料装入配发的档案袋中，上交实训指导教师。

本实训计划安排2个学时。

实训参考答案

一、自制原始凭证见表2-13至表2-17：

表2-13　**辅助生产费用分配表（直接分配法）**

2018年8月　　金额单位：元

辅助生产车间	应分配费用	分配数量	分配率	分配额					
				基本生产车间		行政管理部门		销售部门	
				数量	金额	数量	金额	数量	金额
机修车间	39 060	38 000	1.0279	28 000	28 781.2	4 000	4 111.6	6 000	6 167.2
供电车间	144 900	7 500	19.32	4 000	77 280	2 000	38 640	1 500	28 980
合计	183 960				106 061.2		42 751.6		35 147.2

表2-14　**辅助生产费用分配表（一次交互分配法）**

2018年8月　　金额单位：元

名称＼项目		交互分配			对外分配		
		机修	供电	合计	机修	供电	合计
待分配辅助生产费用		39 060	144 900	183 960	75 918	108 042	
供应劳务总量		43 000	10 500		38 000	7 500	
费用分配率		0.9084	13.8		1.9978	14.4056	
机修车间	耗用数量	—	3 000				
	分配金额	—	41 400				
供电车间	耗用数量	5 000	—				
	分配金额	4 542	—				
基本生产车间	耗用数量				28 000	4 000	
	分配金额				55 938.4	57 622.4	
行政管理部门	耗用数量				4 000	2 000	
	分配金额				7 991.2	28 811.2	
销售部门	耗用数量				6 000	1 500	
	分配金额				11 988.4	21 608.4	

表2-15　　**辅助生产费用分配表（计划成本分配法）**

2018年8月　　金额单位：元

辅助生产车间名称		机修车间	供电车间	合计
待分配辅助生产费用		39 060	144 900	183 960
劳务供应总量		43 000	10 500	—
计划单位成本		0.50元/工时	5元/度	
机修车间	耗用数量	—	3 000	
	分配金额	—	15 000	
供电车间	耗用数量	5 000	—	
	分配金额	2 500	—	
基本生产车间（一般耗用）	耗用数量	28 000	4 000	
	分配金额	14 000	20 000	
行政管理部门	耗用数量	4 000	2 000	
	分配金额	2 000	10 000	
销售部门	耗用数量	6 000	1 500	
	分配金额	3 000	7 500	
按计划成本分配金额合计		21 500	52 500	
辅助生产的实际成本		54 060	147 400	
辅助生产的成本差异		32 560	94 900	

表2-16　　**辅助生产费用分配表（代数分配法）**

2018年8月　　金额单位：元

辅助生产车间名称		机修车间	供电车间	合　计
待分配辅助生产费用		83 222.2	154 576.8	
劳务供应总量		43 000	10 500	
单位成本（费用分配率）		1.9354	14.7216	
机修车间	耗用数量	—	3 000	
	分配金额	—	44 164.8	
供电车间	耗用数量	5 000	—	
	分配金额	9 677	—	
基本生产车间（一般耗用）	耗用数量	28 000	4 000	
	分配金额	54 191.2	58 886.4	
行政管理部门	耗用数量	4 000	2 000	
	分配金额	7 741.6	29 443.2	
销售部门	耗用数量	6 000	1 500	
	分配金额	11 612.4	22 082.4	

表2-17　**辅助生产费用分配表（顺序分配法）**

2018年8月　　金额单位：元

项目	待分配费用	劳务供应量	分配率	分配金额							
				机修车间		基本生产车间		行政管理部门		销售部门	
				数量	金额	数量	金额	数量	金额	数量	金额
供电车间	144 900	10 500	13.8	3 000	41 400	4 000	55 200	2 000	27 600	1 500	20 700
机修车间	80 460	38 000	2.1174			28 000	59 287.2	4 000	8 469.6	6 000	12 703.2
合计					41 400		114 487.2		36 069.6		33 403..2

说明：根据受益少的车间先分配原则，供电车间消耗的机修车间总费用小于机修车间消耗的供电车间总费用，故供电车间先分配，机修车间后分配。

二、会计分录：

1.借：生产成本——基本生产成本——一车间（甲产品）　186 000
——基本生产成本——一车间（乙产品）　150 000
——基本生产成本——一车间（丙产品）　4 000
——辅助生产成本（机修车间）　20 000
——辅助生产成本（供电车间）　120 000
管理费用　5 000
贷：原材料——甲材料　485 000

2.借：生产成本——基本生产成本——一车间（甲产品）　28 000
——基本生产成本——一车间（乙产品）　22 000
——基本生产成本——一车间（丙产品）　8 000
——辅助生产成本（机修车间）　12 000
——辅助生产成本（供电车间）　18 000
管理费用　15 000
销售费用　7 000
贷：应付职工薪酬——工资　110 000

3.借：生产成本——基本生产成本——一车间（甲产品）　2 800
——基本生产成本——一车间（乙产品）　2 200
——基本生产成本——一车间（丙产品）　800
——辅助生产成本（机修车间）　1 200
——辅助生产成本（供电车间）　1 800
管理费用　1 500
销售费用　700
贷：应付职工薪酬——职工福利　11 000

4.借：制造费用——一车间　4 000
　　生产成本——辅助生产成本（机修车间）　2 200
　　　　　——辅助生产成本（供电车间）　2 600
　　管理费用　672
　贷：累计折旧　9 472

5.借：制造费用——一车间　4 300
　　生产成本——辅助生产成本（机修车间）　2 700
　　　　　——辅助生产成本（供电车间）　2 500
　　管理费用　6 800
　贷：银行存款　16 300

6.借：生产成本——基本生产成本——一车间（甲产品）　4 960
　　　　　——基本生产成本——一车间（乙产品）　13 800
　　　　　——基本生产成本——一车间（丙产品）　5 448
　　　　　——辅助生产成本（机修车间）　960
　　管理费用　1 312
　　销售费用　580
　贷：应付账款——自来水公司　27 060

7.直接分配法分配辅助生产费用的会计分录：

借：制造费用　28 781.2
　　管理费用　4 111.6
　　销售费用　6 167.2
　贷：生产成本——辅助生产成本（机修车间）　39 060

借：制造费用　77 280
　　管理费用　38 640
　　销售费用　28 980
　贷：生产成本——辅助生产成本（供电车间）　144 900

8.一次交互分配法分配辅助生产费用的会计分录：

借：生产成本——辅助生产成本（供电车间）　4 542
　　　　　——辅助生产成本（机修车间）　41 400
　贷：生产成本——辅助生产成本（供电车间）　41 400
　　　　　——辅助生产成本（机修车间）　4 542

借：制造费用　113 560.8
　　管理费用　36 802.4
　　销售费用　33 596.8
　贷：生产成本——辅助生产成本（供电车间）　108 042
　　　　　——辅助生产成本（机修车间）　75 918

9.计划成本分配法分配辅助生产费用的会计分录：

借：生产成本——辅助生产成本（供电车间）　2 500
　　　　　——辅助生产成本（机修车间）　15 000
　　制造费用　34 000
　　管理费用　12 000
　　销售费用　10 500
　贷：生产成本——辅助生产成本（供电车间）　52 500
　　　　　　——辅助生产成本（机修车间）　21 500

借：管理费用　127 460
　贷：生产成本——辅助生产成本（供电车间）　94 900
　　　　　　——辅助生产成本（机修车间）　32 560

10.代数分配法分配辅助生产费用的会计分录：

借：生产成本——辅助生产成本（供电车间）　9 677
　　制造费用　54 191.2
　　管理费用　7 741.6
　　销售费用　11 612.4
　贷：生产成本——辅助生产成本（机修车间）　83 222.2

借：生产成本——辅助生产成本（机修车间）　44 164.8
　　制造费用　58 886.4
　　管理费用　29 443.2
　　销售费用　22 082.4
　贷：生产成本——辅助生产成本（供电车间）　154 576.8

11.顺序分配法分配辅助生产费用的会计分录：

借：生产成本——辅助生产成本（机修车间）　41 400
　　制造费用　55 200
　　管理费用　27 600
　　销售费用　20 700
　贷：生产成本——辅助生产成本（供电车间）　144 900

借：制造费用　59 287.2
　　管理费用　8 469.6
　　销售费用　12 703.2
　贷：生产成本——辅助生产成本（机修车间）　80 460

模块三　制造费用的归集与分配实训

一、实训目的

通过对模拟企业制造费用进行归集和分配，掌握制造费用归集和分配的基本原理和方法，熟练掌握制造费用归集和分配的账务处理流程。

二、理论知识点

（一）制造费用的内容

制造费用是指企业生产车间（或分厂）为组织和管理生产所发生的各项费用，包括车间管理人员的工资薪酬、折旧费用、修理费用、经营性租赁费用、保险费、机物料消耗、低值易耗品摊销、运输费用、取暖费、水电费、劳动保护费、办公费、差旅费、设计制图费、试验检验费、季节性及修理期间的停工损失等。

（二）制造费用的归集

制造费用的归集过程就是将企业发生的制造费用记入“制造费用”账户的过程。企业应设置“制造费用”科目，该科目应按不同的车间和部门设置明细账。在制造费用发生时，应根据有关的凭证、费用分配表，借记“制造费用”科目，贷记有关科目。制造费用明细分类账的格式请参见教材（《成本会计》万寿义、任月君主编，东北财经大学出版社）。

（三）制造费用的分配

制造费用归集后，应于月末将其分配给受益对象。若基本生产车间（或辅助生产车间）只生产一种产品，其制造费用可以直接计入该种产品成本；若基本生产车间（或辅助生产车间）生产多种产品，其制造费用应采用适当的方法分配计入各种产品成本。

制造费用的分配方法有很多，常用的分配方法有实际分配率方式、预算分配率方式和累计分配率方式三种。制造费用的分配是通过编制“制造费用分配表”进行的。

1.实际分配率方式

实际分配率方式是根据当月实际制造费用及其分配标准来分配制造费用。由于采用的分配标准不同，其计算方法也不一样。在实际工作中主要有生产工时比例法、直接工资比例法和联合分配法等。

2.预算分配率方式

预算分配率方式是以企业制造费用预算和各种产品的定额工时（或标准工时）为标准分配制造费用的一种方法。预算分配额与实际发生费用额之间的差额，平时留在“制造费用”科目中，年末，再按照各种产品已分配数的比例计入12月份的成本中。计算公式为：

$$\text{制造费用预算分配率}=\frac{\text{全年制造费用预算总额}}{\text{全年各种产品计划产量的定额工时之和}} \tag{3.1}$$

$$\text{某产品按预算分配率分配的制造费用}=\text{该产品实际产量的定额工时}\times\text{制造费用预算分配率} \tag{3.2}$$

$$\text{实际制造费用与按预算分配率计算分配的制造费用的差额}=\text{实际制造费用}-\text{按预算分配率分配的制造费用} \tag{3.3}$$

$$\text{差异额分配率}=\frac{\text{差异额}}{\text{按预算分配率分配的制造费用}} \tag{3.4}$$

$$\text{某产品应分配的差异额}=\text{该产品按预算分配率分配的制造费用}\times\text{差异额分配率} \tag{3.5}$$

3.累计分配率方式

累计分配率方式是在产品完工时一次性分配其应负担的全部制造费用，至于未完工产品暂不分配，其应负担的费用保留在“制造费用”账户中，待其完工后一次性分配。累计分配率方式中的分配标准，可采用上述分配方式中分配标准的任何一种。计算公式为：

$$\text{制造费用累计分配率}=\frac{\text{制造费用期初余额}+\text{本月发生的制造费用}}{\text{各种产品累计分配标准之和}} \tag{3.6}$$

$$\text{完工产品应分配的制造费用}=\text{完工产品的累计分配标准}\times\text{制造费用累计分配率} \tag{3.7}$$

实训　制造费用的归集与分配实训

一、实训所需条件

（一）实训所需资料。

1.企业基本情况。

大连重型机械厂设有一个基本生产车间，生产甲、乙、丙三种产品。

2.企业成本核算的有关规定。

（1）开设“生产成本”科目，对各生产车间发生的生产费用进行总分类核算；基本生产车间发生的制造费用通过“制造费用”科目核算。

（2）制造费用的分配方法采用生产工时比例法。

（3）采用通用记账凭证格式。

（4）企业的账务循环程序采用科目汇总表账务循环程序。

3.2018年8月，基本生产车间生产的甲、乙、丙三种产品发生的生产工时分别为2 000小时、3 000小时和2 000小时。

4.大连重型机械厂2018年8月基本生产车间发生的有关各项制造费用以及对应的原始凭证如下：

（1）根据基本生产车间本月甲材料领料单（略）编制的材料费用分配表见表3–1。

（2）根据8月工资结算汇总表编制的工资费用分配汇总表见表3–2。

（3） 8月职工福利费分配表见表3–3。

（4） 8月固定资产折旧计算表见表3–4。

（5） 8月以银行存款支付的办公费用和其他费用分配表见表3–5。

（6）根据8月各部门所耗外购动力情况编制的外购动力（水）费用分配表见表3–6，应付外购动力（水）的所有款项尚未支付。

表 3-1　　**基本生产车间材料费用分配表**

2018年8月　　单位：元

分配对象		成本项目	金额
基本生产车间	甲产品	直接材料	38 000
	乙产品	直接材料	22 000
	丙产品	直接材料	10 000
	一般耗用	机物料消耗	7 800
		维修材料	4 200
合计			82 000

表 3-2　　**工资费用分配汇总表**

2018年8月　　单位：元

分配对象		成本项目	金额
基本生产车间	甲产品	直接人工	28 000
	乙产品	直接人工	22 000
	丙产品	直接人工	8 000
基本生产车间管理人员		工资	3 000
行政管理部门		工资	10 000
销售部门		工资	7 000
合计			78 000

表 3-3　　**职工福利费分配表**

2018年8月　　单位：元

分配对象		成本项目	分配金额
基本生产车间	甲产品	直接人工	2 800
	乙产品	直接人工	2 200
	丙产品	直接人工	800
基本生产车间管理人员		工资	300
行政管理部门		工资	1 000
销售部门		工资	700
合计			7 800

表 3-4

固定资产折旧计算表

2018 年 8 月　　金额单位：元

项目	固定资产名称	原值	月折旧率（%）	月折旧额
基本生产车间	房屋建筑物	800 000	0.2	1 600
	机器设备	600 000	0.4	2 400
行政管理部门	房屋建筑物	300 000	0.2	600
	机器设备	18 000	0.4	72
合计		1 718 000		4 672

表 3-5

办公费用和其他费用分配表

2018 年 8 月　　单位：元

分配对象	成本费用项目	金额
基本生产车间	办公费	5 000
	其他	2 000
	小计	7 000
行政管理部门	办公费	8 000
	其他	1 000
	小计	9 000
合计		16 000

表 3-6

外购动力（水）费用分配表

2018 年 8 月

分配对象		外购动力费用		
		耗用量（吨）	单价（元/吨）	金额（元）
基本生产车间	甲产品	12 400	0.4	4 960
	乙产品	34 500	0.4	13 800
	丙产品	13 620	0.4	5 448
	一般性耗用	20	0.4	8
	合计	60 540		24 216
行政管理费用		3 280	0.4	1 312
销售费用		1 450	0.4	580
合计		65 270		26 108

（二）实训所需真实的通用记账凭证7张，活页式生产成本明细账3张，活页式多栏明细账4张，数量金额式明细账1张，三栏式明细账4张，凭证封皮1张，以及实训所需的剪刀、直尺、胶水、印台、计算器、档案袋、装订线、装订机等工具。

二、实训要求

（1）根据基本生产车间本月发生的各项费用的原始凭证编制记账凭证。

（2）登记“制造费用”明细账。

（3）分配制造费用。

（4）登记有关总账和明细账。

（5）计算的中间结果保留四位小数，最终结果保留两位小数。

（6）有关自制原始凭证的参考格式见表3-7（实训中所用到的记账凭证、账页的格式，请参见实际工作中所用的、真实的凭证与账页，这里从略）。

表3-7　制造费用分配表

2018年8月　金额单位：元

分配对象	分配标准（生产工时）	分配率	金额
甲产品			
乙产品			
丙产品			
合计			

三、实训组织方法及步骤

本实训安排在相关理论知识讲授完之后进行，在实训指导教师的指导下，由学生独立完成。学生以班级为单位统一到会计手工模拟实验室进行实训。实训前要求学生对相关知识进行预习，特别是要对基础会计中的有关记账凭证的编制和账簿登记的规定进行复习。实训的具体步骤如下：

（1）开设相关的总账和明细账。

（2）根据基本生产车间本月发生的各项费用的原始凭证编制记账凭证并将相关的原始凭证附在其后。

（3）学生两人一组，互相对所填制的记账凭证进行审核。

（4）根据审核无误的记账凭证登记“制造费用”明细账。

（5）将制造费用进行分配，编制制造费用分配表。

（6）根据制造费用分配表编制制造费用分配的记账凭证并将制造费用分配表附在其后。

（7）学生两人一组，互相对所填制的记账凭证进行审核。

（8）根据审核无误的记账凭证登记有关明细账。

（9）根据审核无误的记账凭证编制科目汇总表。

（10）根据科目汇总表登记有关总账。

实训结束后学生应将完成的各种资料装入配发的档案袋中，上交实训指导教师。

本实训计划安排1个学时。

实训参考答案

一、自制原始凭证见表3-8：

表3-8　**制造费用分配表**

2018年8月　金额单位：元

分配对象	分配标准（生产工时）	分配率	金额
甲产品	2 000	3.7583	7 516.6
乙产品	3 000		11 274.9
丙产品	2 000		7 516.5
合计	7 000		26 308

二、会计分录：

1.借：生产成本——甲产品	38 000	
——乙产品	22 000	
——丙产品	10 000	
制造费用	12 000	
贷：原材料——甲材料		82 000
2.借：生产成本——甲产品	28 000	
——乙产品	22 000	
——丙产品	8 000	
制造费用	3 000	
管理费用	10 000	
销售费用	7 000	
贷：应付职工薪酬——工资		78 000
3.借：生产成本——甲产品	2 800	
——乙产品	2 200	
——丙产品	800	
制造费用	300	
管理费用	1 000	
销售费用	700	
贷：应付职工薪酬——职工福利		7 800

4.借：制造费用	4 000	
管理费用	672	
贷：累计折旧		4 672
5.借：制造费用	7 000	
管理费用	9 000	
贷：银行存款		16 000
6.借：生产成本——甲产品	4 960	
——乙产品	13 800	
——丙产品	5 448	
制造费用	8	
管理费用	1 312	
销售费用	580	
贷：应付账款——自来水公司		26 108
7.借：生产成本——甲产品	7 516.6	
——乙产品	11 274.9	
——丙产品	7 516.5	
贷：制造费用		26 308

模块四　生产费用在完工产品和在产品之间的分配实训

一、实训目的

通过对模拟企业生产费用在完工产品和在产品之间的分配，掌握生产费用在完工产品和在产品之间分配的基本原理和方法，熟练掌握生产费用在完工产品和在产品之间分配的账务处理流程。

二、理论知识点

月末时，企业产品成本明细账中按照成本项目归集的为生产产品所发生的全部生产费用，如果产品全部完工，产品成本明细账中归集的生产费用之和，就是该完工产品的成本；如果产品全部没有完工，产品成本明细账中归集的生产费用之和，就是该产品的在产品成本；如果既有完工产品又有未完工产品，产品成本明细账中归集的生产费用之和，还应该在完工产品和在产品之间采用适当的方法进行分配，以计算完工产品和月末在产品成本。

生产费用在完工产品和在产品之间进行分配的方法主要有约当产量法、定额比例法、定额成本法以及在产品只按其所耗的原材料费用计算法等。本实训模块包括三个实训环节，即分别采用约当产量法、定额比例法、定额成本法对生产费用在完工产品和在产品之间进行分配，通过三个环节的实训，掌握生产费用在完工产品和在产品之间进行分配的主要方法以及相应的账务处理过程。

（一）约当产量法

约当产量是将月末在产品的数量按完工程度折合为相当于完工产品的数量。约当产量法就是根据完工产品的数量和月末在产品的约当产量比例来分配生产费用，从而计算出完工产品成本和月末在产品成本的方法。其计算公式为：

$$\text{在产品的约当产量}=\text{在产品的数量}\times\text{完工程度} \tag{4.1}$$

$$\text{某项费用分配率}=\frac{\text{月初在产品成本}+\text{本月生产费用}}{\text{本月完工产品数量}+\text{月末在产品约当产量}} \tag{4.2}$$

$$\text{完工产品的费用分配额}=\text{本月完工产品的数量}\times\text{费用分配率} \tag{4.3}$$

$$\text{月末在产品的费用分配额}=\text{月末在产品的约当产量}\times\text{费用分配率} \tag{4.4}$$

要正确分配生产费用，必须正确计算在产品的约当产量，而约当产量的正确与否主要取决于在产品的完工程度。在产品的完工程度有两种：一种是投料程度，用于分配直接材料费用时计算在产品的约当产量；另一种是加工程度，用于分配直接人工和制造费用时计算在产品的约当产量。

1.投料程度的确定。投料程度的高低与投料方式有关，不同的投料方式其投料程度不同。

（1）一次投料方式。原材料在生产开始时一次投入，即投料程度为100%，原材料费用按完工产品和月末在产品数量分配。

（2）逐步投料方式。原材料不是在生产开始时一次投入，而是随着生产进度陆续投入，原材料费用应按完工产品的产量和在产品约当产量分配。在产品的投料程度应按每一工序的原材料消耗定额占完工产品消耗定额的比例分配。具体有以下两种情况：

①原材料随着加工进度分工序投入，并在每道工序开始时一次投入，按每道工序的原材料累计消耗定额计算投料程度。其计算公式为：

$$\text{在产品在某道工序上的投料程度}=\frac{\text{前道工序累计原材料费用定额}+\text{本道工序原材料费用定额}}{\text{单位完工产品原材料费用定额}} \quad (4.5)$$

② 原材料随着加工进度分工序投入，并在每道工序陆续投入，按在产品在每道工序的原材料累计消耗定额占产成品消耗定额的比例计算投料程度。其计算公式为：

$$\text{在产品在某道工序上的投料程度}=\frac{\text{前道工序累计原材料费用定额}+\text{本道工序原材料费用定额}\times 50\%}{\text{单位完工产品原材料费用定额}} \quad (4.6)$$

2.加工程度的确定。对于除原材料以外的其他加工费用的分配，通常按加工程度计算约当产量。各工序在产品的加工程度可根据各工序的累计工时定额占完工产品工时定额的比例计算。在产品加工程度的计算公式为：

$$\text{某道工序在产品的加工程度}=\frac{\text{前面各工序的工时定额之和}+\text{本工序工时定额}\times 50\%}{\text{产成品工时定额}} \quad (4.7)$$

这种方法一般适用于月末在产品数量较多、各月末在产品的数量变化较大、产品成本中直接材料和各项加工费用所占的比重相差不大的情况。

（二）定额比例法

定额比例法是指按照完工产品和月末在产品成本的定额消耗量比例分配生产费用的一种方法。它适用于定额管理基础较好，各项消耗定额比较准确、稳定，各月末在产品数量变动较大的产品。其计算公式为：

$$\text{费用分配率}=\frac{\text{月初在产品成本}+\text{本月生产费用}}{\text{完工产品的定额消耗量}+\text{月末在产品定额消耗量}} \quad (4.8)$$

$$\text{完工产品成本}=\text{完工产品的定额消耗量}\times\text{费用分配率} \quad (4.9)$$

$$\text{月末在产品成本}=\text{月末在产品的定额消耗量}\times\text{费用分配率} \quad (4.10)$$

在实际工作中，当企业产品消耗原材料品种较多时，可用定额费用代替定额消耗量分配生产费用，这样可以减少核算工作量。

定额比例法一般适用于定额管理基础比较好，各项消耗定额或费用定额比较准确、稳定且月末在产品数量变化较大的情况。

（三）定额成本法

定额成本法是指根据月末在产品的数量和在产品的单位定额成本计算出月末在产品成本，然后用本月生产费用累计数扣除月末在产品成本，计算出完工产品成本的一种方法。至于实际成本和定额成本的差额，则全部由完工产品成本负担。它适用于定额管理水平较高，定额资料完整、准确、稳定，各月在产品数量变化不大的企业。其计算公式为：

在产品定额成本=在产品数量×单位在产品定额成本 （4.11）

完工产品成本=月初在产品成本+本月生产费用-月末在产品定额成本 （4.12）

实训一 约当产量法实训

一、实训所需条件

（一）实训所需资料。

1.企业基本情况。

大连重型机械厂设有一个基本生产车间，常年生产甲产品。生产的甲产品经过三道工序连续加工完成，原材料随生产进度陆续投入（在每道工序也是陆续投入）。本月完工甲产品1 000件。

2.企业成本核算的有关规定。

（1）采用约当产量法将生产费用在完工产品与在产品之间进行分配。

（2）采用通用记账凭证格式。

3.该企业2018年8月在产品数量及有关定额资料见表4-1。

表4-1 **在产品数量及定额资料**

2018年8月

工序	1	2	3	合计
直接材料定额（千克）	200	120	80	400
工时定额（小时）	100	80	20	200
在产品数量（件）	300	120	30	450
完工产品（件）	1 000			

注：在产品在各道工序的加工程度均为50%。

4.甲产品月初在产品和本月发生的费用资料见表4-2。

表4-2　　甲产品月初在产品和本月发生的费用

2018年8月　　单位：元

项目	直接材料	直接人工	制造费用	合计
月初在产品费用	190 000	37 500	8 750	236 250
本月发生费用	400 000	200 000	110 000	610 000
合计	590 000	237 500	118 750	846 250

（二）实训所需真实的通用记账凭证1张，活页式生产成本明细账1张，数量金额式明细账1张，凭证封皮1张，以及实训所需的剪刀、直尺、胶水、印台、计算器、档案袋、装订线、装订机等工具。

二、实训要求

（1）采用约当产量法将生产费用在完工产品与在产品之间进行分配。

（2）编制甲产品成本计算单（格式参见表4-3）。

（3）编制完工产品成本汇总表（格式参见表4-4）并进行完工产品验收入库的账务处理。

（4）有关自制原始凭证的参考格式见表4-3和表4-4（实训中所用到的记账凭证、账页的格式，请参见实际工作中所用的、真实的凭证与账页，这里从略）。

表4-3　　甲产品成本计算单

2018年8月　　金额单位：元

项目		直接材料	直接人工	制造费用	合计
生产费用合计					
产品产量	完工产品产量				
	在产品约当产量				
	合计				
单位成本					
完工产品成本					
在产品成本					

表4-4　　完工产品成本汇总表

2018年8月　　单位：元

成本项目 \ 产品名称	甲产品（1 000件）	
	总成本	单位成本
直接材料		
直接人工		
制造费用		
合计		

三、实训组织方法及步骤

本实训安排在相关理论知识讲授完之后进行，在实训指导教师的指导下，由学生独立完成。学生以班级为单位统一到会计手工模拟实验室进行实训。实训前要求学生对相关知识进行预习，特别是要对基础会计中的有关记账凭证的编制和账簿登记的规定进行复习。实训的具体步骤如下：

（1）计算各道工序的完工程度。

（2）计算各道工序的约当产量。

（3）按成本项目分配生产费用。

（4）填制产品成本计算单。

（5）填制完工产品成本汇总表。

（6）编制完工产品验收入库的记账凭证。

（7）登记明细账。

实训结束后学生应将完成的各种资料转入配发的档案袋中，上交实训指导教师。

本实训计划安排1个学时。

实训参考答案

一、自制原始凭证见表4-5和表4-6：

表4-5

甲产品成本计算单

2018年8月　　金额单位：元

项目		直接材料	直接人工	制造费用	合计
生产费用合计		590 000	237 500	118 750	846 250
产品产量	完工产品产量	1 000	1 000	1 000	
	在产品约当产量	180	187.5	187.5	
	合计	1 180	1 187.5	1 187.5	
单位成本		500	200	100	800
完工产品成本		500 000	200 000	100 000	800 000
在产品成本		90 000	37 500	18 750	146 250

表4-6

完工产品成本汇总表

2018年8月　　单位：元

产品名称 / 成本项目	甲产品（1 000件）	
	总成本	单位成本
直接材料	500 000	500
直接人工	200 000	200
制造费用	100 000	100
合计	800 000	800

二、会计分录：

借：库存商品——甲产品　　800 000

　贷：生产成本——甲产品　　800 000

实训二　定额比例法实训

一、实训所需条件

（一）实训所需资料。

1.企业基本情况。

大连重型机械厂设有一个基本生产车间，常年生产乙产品。辅助生产车间为基本生产车间以及企业其他部门提供服务。

2.企业成本核算的有关规定。

（1）乙产品生产过程中发生的生产费用采用定额比例法在完工产品与在产品之间进行分配。直接材料按原材料定额消耗量比例分配，加工费用按定额工时分配。

（2）采用通用记账凭证格式。

3.月末乙在产品原材料定额消耗量为2 000千克，定额工时为800小时。完工产品的定额消耗量为12 000千克，定额工时为7 200小时。本月完工乙产品1 000件。

4.乙在产品月初和本月发生的费用资料见表4-7。

表4-7　**乙在产品月初和本月发生的费用资料**

2018年8月　单位：元

项目	直接材料	直接人工	制造费用	合计
月初在产品费用	3 520	2 400	1 300	7 220
本月发生费用	57 200	21 036	14 324	92 560
合计	60 720	23 436	15 624	99 780

（二）实训所需真实的通用记账凭证1张，活页式生产成本明细账1张，数量金额式明细账1张，凭证封皮1张，以及实训所需的剪刀、直尺、胶水、印台、计算器、档案袋、装订线、装订机等工具。

二、实训要求

（1）采用定额比例法将生产费用在完工产品与在产品之间进行分配。

（2）编制乙产品成本计算单（格式参见表4-8）。

（3）编制完工产品成本汇总表（格式参见表4-9）。

（4）进行完工产品验收入库的账务处理。

（5）计算的中间结果保留四位小数，最终结果保留两位小数。

（6）有关自制原始凭证的参考格式见表4-8和表4-9（实训中所用到的记账凭证、账页的格式，请参见实际工作中所用的、真实的凭证与账页，这里从略）。

表4-8 **乙产品成本计算单**

2018年8月 金额单位：元

项目		直接材料	直接人工	制造费用	合计
月初在产品成本					
本月发生费用					
生产费用合计					
完工产品	定额消耗量				
	实际成本				
分配率					
在产品成本	定额消耗量				
	实际成本				

表4-9 **完工产品成本汇总表**

2018年8月 单位：元

产品名称 / 成本项目	乙产品（1 000件）	
	总成本	单位成本
直接材料		
直接人工		
制造费用		
合计		

三、实训组织方法及步骤

本实训安排在相关理论知识讲授完之后进行，在实训指导教师的指导下，由学生独立完成。学生以班级为单位统一到会计手工模拟实验室进行实训。实训前要求学生对相关知识进行预习，特别是要对基础会计中的有关记账凭证的编制和账簿登记的规定进行复习。实训的具体步骤如下：

（1）按成本项目分配生产费用。

（2）填制产品成本计算单。

（3）填制完工产品成本汇总表。

（4）编制完工产品验收入库的记账凭证。

（5）登记明细账。

实训结束后学生应将完成的各种资料装入配发的档案袋中，上交实训指导教师。

本实训计划安排1个学时。

实训参考答案

一、自制原始凭证见表4-10和表4-11：

表4-10　　乙产品成本计算单

2018年8月　　金额单位：元

项目		直接材料	直接人工	制造费用	合计
月初在产品成本		3 520	2 400	1 300	7 220
本月发生费用		57 200	21 036	14 324	92 560
生产费用合计		60 720	23 436	15 624	99 780
完工产品	定额消耗量	12 000千克	7 200小时	—	—
	实际成本	52 045.2	21 092.4	14 061.6	87 199.2
分配率		4.3371	2.9295	1.953	—
在产品成本	定额消耗量	2 000千克	800小时	—	—
	实际成本	8 674.8	2 343.6	1 562.4	12 580.8

表4-11　　完工产品成本汇总表

2018年8月　　单位：元

产品名称 / 成本项目	乙产品（1 000件）	
	总成本	单位成本
直接材料	52 045.2	52.05
直接人工	21 092.4	21.09
制造费用	14 061.6	14.06
合计	87 199.2	87.20

二、会计分录：

借：库存商品——乙产品　　87 199.2

　贷：生产成本——乙产品　　87 199.2

实训三　定额成本法实训

一、实训所需条件

（一）实训所需资料。

1.企业基本情况。

大连重型机械厂设有一个基本生产车间，常年生产丁产品。原材料在生产开始时一次性投入，月末在产品的加工程度均为50%。

2.企业成本核算的有关规定。

（1）丁产品生产过程中发生的生产费用采用定额成本法计算月末在产品成本。

（2）采用通用记账凭证格式。

3. 2018年8月丁产品完工200件，月末在产品40件。单位丁产品的定额成本为：直接材料35元/件，直接人工2元/小时，制造费用1.5元/小时。单位丁产品的定额工时为100小时。

4. 丁产品月初在产品和本月发生的费用资料见表4-12。

表4-12　丁产品月初在产品和本月发生的费用资料

2018年8月　单位：元

项目	直接材料	直接人工	制造费用	合计
月初在产品费用	5 000	2 000	8 000	15 000
本月发生费用	13 000	40 000	22 000	75 000
合计	18 000	42 000	30 000	90 000

（二）实训所需真实的通用记账凭证1张，活页式生产成本明细账1张，数量金额式明细账1张，凭证封皮1张，以及实训所需的剪刀、直尺、胶水、印台、计算器、档案袋、装订线、装订机等工具。

二、实训要求

（1）编制月末在产品的定额成本计算单（参考格式见表4-13）。

（2）采用定额成本法将生产费用在完工产品与在产品之间进行分配。

（3）编制丁产品成本计算单（参考格式见表4-14）。

（4）编制完工产品成本汇总表（参见格式见表4-15）。

（5）进行完工产品验收入库的账务处理。

（6）计算的中间结果保留四位小数，最终结果保留两位小数。

（7）有关自制原始凭证的参考格式见表4-13至表4-15（实训中所用到的记账凭证、账页的格式，请参见实际工作中所用的、真实的凭证与账页，这里从略）。

表 4-13　　月末在产品的定额成本计算单

2018 年 8 月　　金额单位：元

产品名称	在产品数量（件）	原材料定额（千克）	工时定额（小时）	人工费用定额	制造费用定额	合计
丁产品						
合计						

表 4-14　　丁产品成本计算单

2018 年 8 月　　单位：元

项目	直接材料	直接人工	制造费用	合计
月初在产品成本				
本月发生费用				
生产费用合计				
产成品成本				
月末在产品成本				

表 4-15　　完工产品成本汇总表

2018 年 8 月　　单位：元

成本项目 \ 产品名称	丁产品（200 件）	
	总成本	单位成本
直接材料		
直接人工		
制造费用		
合计		

三、实训组织方法及步骤

本实训安排在相关理论知识讲授完之后进行，在实训指导教师的指导下，由学生独立完成。学生以班级为单位统一到会计手工模拟实验室进行实训。实训前要求学生对相关知识进行预习，特别是要对基础会计中的有关记账凭证的编制和账簿登记的规定进行复习。实训的具体步骤如下：

（1）计算月末丁在产品的定额成本，编制在产品的定额成本计算单。

（2）填制产品成本计算单。

（3）填制完工产品成本汇总表。

（4）编制完工产品验收入库的记账凭证。

（5）登记明细账。

实训结束后学生应将完成的各种资料装入配发的档案袋中，上交实训指导教师。

本实训计划安排1个学时。

实训参考答案

一、自制原始凭证见表4-16至表4-18：

表4-16 **月末在产品的定额成本计算单**

2018年8月 金额单位：元

产品名称	在产品数量（件）	原材料定额	工时定额（小时）	人工费用定额	制造费用定额	合计
丁产品	40	40×35=1 400	40×100×50%=2 000	2 000×2=4 000	2 000×1.5=3 000	8 400
合计	40	1 400	2 000	4 000	3 000	8 400

表4-17 **丁产品成本计算单**

2018年8月 单位：元

项目	直接材料	直接人工	制造费用	合计
月初在产品成本	5 000	2 000	8 000	15 000
本月发生费用	13 000	40 000	22 000	75 000
生产费用合计	18 000	42 000	30 000	90 000
产成品成本	16 600	38 000	27 000	81 600
月末在产品成本	1 400	4 000	3 000	8 400

表4-18　　完工产品成本汇总表

2018年8月　　单位：元

产品名称 / 成本项目	丁产品（200件）	
	总成本	单位成本
直接材料	16 600	83
直接人工	38 000	190
制造费用	27 000	135
合计	81 600	408

二、会计分录：

借：库存商品——丁产品　　81 600

　贷：生产成本——丁产品　　81 600

模块五　成本计算的品种法实训

一、实训目的

通过对该模块的实训，掌握按品种法计算产品成本的基本原理，并与成本核算账务处理系统相结合，以培养学生的理论应用能力和实际动手操作能力，训练其实务操作技能。

二、理论知识点

（一）品种法的含义

产品成本计算的品种法是指以产品的品种作为成本核算对象，来归集费用并计算产品成本的一种方法。

按照产品品种计算成本，是产品成本计算最一般、最起码的要求，不论什么方式的制造企业，也不论生产什么类型的产品，最终都要求按产品品种计算出产品成本，因此，品种法是最基本的产品成本计算方法。

（二）品种法的特点和适用范围

1.品种法的特点表现在以下三个方面：

（1）以产品品种作为成本核算对象。

（2）按月计算产品成本。

（3）有月末在产品的需要在完工产品和期末在产品间分配费用。

2.品种法的适用范围：

品种法的适用范围，从生产工艺过程看，适用于单步骤生产，以及不要求分步计算的多步骤生产企业；从生产组织方式看，适用于大批量生产，如发电、采掘生产等。

（三）品种法的成本计算程序

（1）按产品品种设置成本计算单（即成本明细账）。

（2）归集和分配本月发生的各项费用。

（3）分配辅助生产费用。

（4）分配基本生产单位制造费用。

（5）计算完工产品成本。

（6）结转完工产品成本。

实训　成本计算的品种法实训

一、实训所需条件

（一）实训所需资料。

1.企业基本情况。

大连重型机械厂设有一个基本生产车间和供电、机修两个辅助生产车间。基本生产车间常年大量生产甲、乙两种产品，其生产类型为大批量简单生产，两种产品的原材料均在生产开始时一次性投入。辅助生产车间为基本生产车间以及企业其他部门提供服务。该企业实行厂部一级成本核算体制。

2.企业成本核算的有关规定。

（1）开设“生产成本”科目，对各生产车间发生的生产费用进行总分类核算；二级科目按“基本生产成本”和“辅助生产成本”开设；三级科目按车间或产品品种开设；产品成本项目包括“直接材料”、“直接人工”、“燃料及动力”和“制造费用”四个成本项目。

（2）由于各辅助生产车间只生产一种产品（劳务），因此，各辅助生产车间发生的各项制造费用不通过“制造费用”科目核算。

（3）甲、乙两种产品共同耗用的材料费用按定额费用的比例进行分配。

（4）生产工人工资费用按实际生产工时比例进行分配。

（5）甲产品月末在产品数量较多、各月末在产品的数量变化较大、产品成本中直接材料和各项加工费用所占的比重相差不大，因此，甲产品的生产费用在完工产品与在产品之间进行分配采用约当产量法。乙产品的定额管理基础比较好，各项消耗定额或费用定额比较准确、稳定且月末在产品数量变化较大，因此，乙产品的生产费用在完工产品与在产品之间进行分配采用定额比例法。

（6）低值易耗品采用一次摊销法摊销。

（7）辅助生产费用采用直接分配法进行分配。

（8）基本生产车间发生的制造费用采用甲、乙两种产品的实际生产工时比例进行分配。

（9）采用通用记账凭证格式。

（10）企业的账务循环程序采用科目汇总表账务循环程序。

3.企业相关资料。

（1）该企业2018年8月，甲、乙两种产品的产量资料见表5-1。

（2）甲、乙两种产品的月初在产品成本资料见表5-2。

（3）甲、乙两种产品的单位产品定额资料见表5-3和表5-4。

（4）甲、乙两种产品本月实际生产工时资料见表5-5。

表5-1　　甲、乙两种产品的产量资料

2018年8月　　单位：件

产品名称	月初在产品	本月投入	本月完工	月末在产品
甲	40	60	80	20
乙	30	50	70	10

注：甲、乙两种产品月末在产品的完工程度均为50%。

表5-2　　甲、乙两种产品的月初在产品成本资料

2018年8月　　单位：元

产品名称	直接材料	燃料及动力	直接人工	制造费用	合计
甲	8 000	3 000	5 000	2 000	18 000
乙	6 000	2 000	4 000	1 800	13 800

表5-3　　甲、乙两种产品的完工产品定额资料

2018年8月

产品名称	甲产品	乙产品
材料费用定额（元）	20	25
工时定额（小时）	8	6

表5-4　　甲、乙两种产品的月末在产品定额资料

2018年8月

产品名称	甲产品	乙产品
材料费用定额（元）	20	25
工时定额（小时）	3	2.5

表5-5　　甲、乙两种产品本月实际生产工时资料

2018年8月　　单位：小时

产品名称	甲产品	乙产品
实际生产工时	26 000	6 000

（5）8月份，该企业辅助生产车间提供的产品（劳务）明细表见表5-6。

表5-6 **辅助生产车间提供产品（劳务）明细表**

2018年8月

受益部门＼辅助生产车间		供电车间（度）	机修车间（小时）
供电车间		—	800
机修车间		1 000	—
基本生产车间	甲产品	30 000	—
	乙产品	18 000	—
	一般性耗用	2 000	1 200
行政管理部门		3 000	200
销售部门		2 800	100
合计		56 800	2 300

4.大连重型机械厂2018年8月基本生产车间生产甲、乙两种产品发生的各项费用及有关的原始凭证如下：

（1）根据本月各部门的领料单（略）编制的领料凭证汇总表见表5-7。

表5-7 **领料凭证汇总表**

2018年8月 单位：元

材料＼部门	基本生产车间				辅助生产车间		行政管理部门	合计
	产品用			车间用	供电车间	机修车间		
	甲	乙	共同					
原材料A	60 000	40 000	50 000		6 000	8 000	2 000	166 000
原材料B	40 000	20 000	40 000		1 800	1 500	1 500	104 800
低值易耗品				8 000	3 000	2 000	3 000	16 000
机物料消耗				15 000	1 000	800		16 800
合计	100 000	60 000	90 000	23 000	11 800	12 300	6 500	303 600

（2）本月发生的工资费用见表5-8。

表5-8

工资结算汇总表

2018年8月　　　　单位：元

部门		应付标准工资	奖金	津贴和补贴		加班加点工资	特殊情况下支付的工资		应付工资	代扣款项			实发工资
				岗位津贴	副食补贴		病假	探亲		医药费	房租	小计	
基本生产车间	生产工人	63 200	13 000	2 600	14 000	3 000	2 400	250	98 450	1 200	3 200	4 400	94 050
	管理人员	15 000	3 500	—	300	—	250	—	19 050	100	640	740	18 310
机修车间	生产工人	27 600	5 760	2 400	600	1 440	520	125	38 445	400	2 100	2 500	35 945
	管理人员	7 900	2 200	—	400	—	320	—	10 820	120	420	540	10 280
供电车间	生产工人	7 450	800	400	2 000	120	45	—	10 815	40	160	200	10 615
	管理人员	3 250	1 800	900	1 000	180	140	—	7 270	450	850	1 300	5 970
行政管理部门		10 320	8 000	—	2 000	—	400	—	20 720	600	480	1 080	19 640
在建工程部门		35 000	900	—	3 750	—	—	—	39 650	980	1 200	2 180	37 470
合计		169 720	35 960	6 300	24 050	4 740	4 075	375	245 220	3 890	9 050	12 940	232 280

（3）本月企业计提的固定资产折旧费用见表5-9。

表5-9

固定资产折旧费用计算表

2018年8月　　　　金额单位：元

项目		固定资产名称	原值	月折旧率（%）	月折旧额
基本生产车间		房屋建筑物	1 800 000	0.2	3 600
		机器设备	800 000	0.5	4 000
辅助生产车间	供电车间	房屋建筑物	1 500 000	0.2	3 000
		机器设备	500 000	0.5	2 500
	机修车间	房屋建筑物	1 300 000	0.2	2 600
		机器设备	200 000	0.5	1 000
行政管理部门		房屋建筑物	1 600 000	0.2	3 200
		机器设备	100 000	0.6	600
合计			7 800 000		20 500

（4）本月外购动力（水）费共计27 060元。根据各部门耗用情况编制分配表见表5-10。

表5-10 外购动力（水）费分配表

2018年8月 金额单位：元

分配对象		外购动力费用		
		耗用量（吨）	单价（元/吨）	金额
基本生产车间	甲产品	12 400	0.4	4 960
	乙产品	34 500	0.4	13 800
	一般耗用	13 620	0.4	5 448
	合计	60 520		24 208
辅助生产车间	机修车间	2 400	0.4	960
	供电车间	—	—	—
管理费用		3 280	0.4	1 312
销售费用		1 450	0.4	580
合计		67 650		27 060

（5）本月以银行存款支付的办公费用及其他费用分配表见表5-11（转账支票存根及各项费用的原始凭证略）。

表5-11 办公费用及其他费用分配表

2018年8月 单位：元

分配对象		成本费用项目	金额
基本生产车间		办公费	5 000
		其他	800
		小计	5 800
辅助生产车间	供电车间	办公费	3 000
		其他	500
		小计	3 500
	机修车间	办公费	2 800
		其他	300
		小计	3 100
行政管理部门		办公费	8 000
		其他	2 000
		小计	10 000
合计			22 400

（二）实训所需真实的通用记账凭证13张，活页式生产成本明细账4张，活页多栏式明细账3张，数量金额式明细账5张，三栏式明细账4张，凭证封皮1张，以及实训所需的剪刀、直尺、胶水、印台、计算器、档案袋、装订线、装订机等工具。

二、实训要求

（1）开设相关的总账和明细账以及甲、乙两种产品成本计算单（产品成本计算单的参考格式见表5-12、表5-13），并将有关的期初余额登记到相关账簿以及两种产品成本计算单中。

（2）根据本月所发生各项费用的原始凭证编制各项费用分配表（参考格式见表5-14至表5-20）。

（3）根据各项费用的原始凭证以及各项费用分配表编制记账凭证。

（4）学生两人一组，互相对所填制的记账凭证进行审核。

（5）根据审核无误的记账凭证登记各相关的明细账以及成本计算单。

（6）将汇集到成本计算单中的各项费用进行汇总并进行分配，计算出完工产品的成本，编制完工产品成本汇总表（参考格式见表5-21），并进行完工产品验收入库的账务处理，编制记账凭证。

（7）采用品种法计算甲、乙两种产品的成本。

（8）计算的中间结果保留四位小数，最终结果保留两位小数。

（9）实训中所用到的记账凭证、账页的格式，请参见实际工作中所用的、真实的凭证与账页，这里从略。

表5-12 **甲产品成本计算单**

2018年8月　　　　金额单位：元

项目	直接材料	燃料及动力	直接人工	制造费用	合计
月初在产品成本					
本月发生费用					
合计					
产品产量 / 完工产品产量					
产品产量 / 在产品约当产量					
产品产量 / 合计					
单位成本					
转出半成品成本					
在产品成本					

表 5-13 **乙产品成本计算单**

2018年8月　　　　金额单位：元

项目		直接材料	直接人工	制造费用	合计
月初在产品成本					
本月发生费用					
生产费用合计					
完工产品成本	定额消耗量				
	实际成本				
分配率					
在产品成本	定额消耗量				
	实际成本				

表 5-14 **材料费用分配表**

2018年8月　　　　金额单位：元

分配对象		成本项目	直接计入金额	分配计入金额			合计
				分配标准（定额耗用量）	分配率	金额	
基本生产车间	甲产品	直接材料					
	乙产品	直接材料					
	小计						
	一般耗用	机物料消耗					
		低值易耗品					
辅助生产车间	供电车间	材料费					
		机物料消耗					
		低值易耗品					
	机修车间	材料费					
		机物料消耗					
		低值易耗品					
	小计						
管理部门		材料费					
		低值易耗品					

表 5-15

工资费用分配表

2018年8月　　　　金额单位：元

分配对象		成本项目	直接计入	分配计入			合计
				生产工时	分配率	分配金额	
基本生产车间	甲产品	直接人工					
	乙产品	直接人工					
	小计						
	制造费用						
机修车间		工资					
供电车间		工资					
行政管理部门		工资					
工程部门		工资					
合计							

业务主管部门：　　　　审核：　　　　制表：

表 5-16

固定资产折旧费用计算表

2018年8月　　　　金额单位：元

项目		固定资产名称	原值	月折旧率（%）	月折旧额
基本生产车间		房屋建筑物			
		机器设备			
辅助生产车间	供电车间	房屋建筑物			
		机器设备			
	机修车间	房屋建筑物			
		机器设备			
行政管理部门		房屋建筑物			
		机器设备			
合计					

表 5-17

外购动力（水）费分配表

2018年8月

分配对象		外购动力费用		
		耗用量（吨）	单价（元/吨）	金额（元）
基本生产车间	甲产品			
	乙产品			
	合计			
辅助生产车间	机修车间			
	供电车间			
管理费用				
销售费用				
合计				

表 5-18

办公费用及其他费用分配表

2018年8月　　单位：元

分配对象		成本费用项目	金额
基本生产车间		办公费	
		其他	
		小计	
辅助生产车间	供电车间	办公费	
		其他	
		小计	
	机修车间	办公费	
		其他	
		小计	
行政管理部门		办公费	
		其他	
		小计	
合计			

表5-19

辅助生产费用分配表（直接分配法）

2018年8月　　金额单位：元

辅助生产车间	应分配费用	分配数量	分配率	分配额									
				基本生产车间						行政管理部门		销售部门	
				甲产品		乙产品		一般耗用					
				数量	金额	数量	金额	数量	金额	数量	金额	数量	金额
供电车间													
机修车间													
合计													

表5-20

制造费用分配表

车间名称：基本生产车间　　2018年8月　　金额单位：元

分配对象	生产工时	分配率	分配金额
甲产品			
乙产品			
合计			

表5-21

完工产品成本汇总表

2018年8月　　单位：元

成本项目 \ 产品名称	甲产品（100台）		乙产品（80台）	
	总成本	单位成本	总成本	单位成本
直接材料				
直接人工				
燃料动力				
制造费用				
合计				

三、实训组织方法及步骤

本实训安排在相关理论知识讲授完之后进行，在实训指导教师的指导下，由学生本人独立完成。学生以班级为单位统一到会计手工模拟实验室进行实训。实训前要求学生对相关知识进行预习，特别是要对基础会计中的有关记账凭证的编制和账簿登记的有关规定进行复习。实训的具体步骤如下：

（1）根据本月发生的各项费用的原始凭证编制费用分配表，并根据这些原始凭证（包括编制的费用分配表）填制记账凭证。

（2）根据审核无误的记账凭证登记相关的明细账（或成本计算单）。

（3）编制完工产品成本汇总表，并进行完工产品验收入库的账务处理。

（4）学生两人一组，互相对所填制的记账凭证进行审核。

（5）根据审核无误的记账凭证登记有关明细账。

（6）根据审核无误的记账凭证编制科目汇总表。

（7）根据科目汇总表登记有关总账。

实训结束后学生应将完成的各种资料装入配发的档案袋中，上交实训指导教师。

本实训计划安排2个学时。

实训参考答案

一、自制原始凭证见表5-22至表5-31：

表5-22

工资费用分配表

2018年8月

金额单位：元

分配对象		成本项目	直接计入	分配计入			合计
				生产工时	分配率	分配金额	
基本生产车间	甲产品	直接工资		26 000	3.0766	79 991.6	79 991.6
	乙产品	直接工资		6 000		18 458.4	18 458.4
	小计			32 000		98 450	98 450
	制造费用		19 050				19 050
机修车间		工资	49 265				49 265
供电车间		工资	18 085				18 085
管理部门		工资	20 720				20 720
工程部门		工资	39 650				39 650
合计			146 770			98 450	245 220

业务主管部门：　　　审核：　　　制表：

表 5-23

材料费用分配表

2018年8月　　　　金额单位：元

分配对象		成本项目	直接计入金额	分配计入金额			合计
				分配标准（定额耗用量）	分配率	金额	
基本生产车间	甲产品	直接材料	100 000	1 600		42 985.12	142 985.12
	乙产品	直接材料	60 000	1 750	26.8657	47 014.88	107 014.88
	小计		160 000	3 350		90 000	250 000
	一般耗用	机物料消耗	15 000				
		低值易耗品	8 000				
辅助生产车间	供电车间	材料费	7 800				
		机物料消耗	1 000				
		低值易耗品	3 000				
	机修车间	材料费	9 500				
		机物料消耗	800				
		低值易耗品	2 000				
	小计		24 100				
行政管理部门		材料费	3 500				
		低值易耗品	3 000				

表 5-24

固定资产折旧计算表

2018年8月　　　　金额单位：元

项目		固定资产名称	原值	月折旧率（%）	月折旧额
基本生产车间		房屋建筑物	1 800 000	0.2	3 600
		机器设备	800 000	0.5	4 000
辅助生产车间	供电车间	房屋建筑物	1 500 000	0.2	3 000
		机器设备	500 000	0.5	2 500
	机修车间	房屋建筑物	1 300 000	0.2	2 600
		机器设备	200 000	0.5	1 000
行政管理部门		房屋建筑物	1 600 000	0.2	3 200
		机器设备	100 000	0.6	600
合计			7 800 000		20 500

表 5-25

外购动力（水）费分配表

2018年8月

分配对象		外购动力费用		
		耗用量（吨）	单价（元/吨）	金额（元）
基本生产车间	甲产品	12 400	0.4	4 960
	乙产品	34 500	0.4	13 800
	一般耗用	13 620	0.4	5 448
	合计	60 520		24 208
辅助生产车间	机修车间	2 400	0.4	960
	供电车间	—	—	—
管理费用		3 280	0.4	1 312
销售费用		1 450	0.4	580
合计		67 650		27 060

表 5-26

办公费用及其他费用分配表

2018年8月　　单位：元

分配对象		成本费用项目	金额
基本生产车间		办公费	5 000
		其他	800
		小计	5 800
辅助生产车间	供电车间	办公费	3 000
		其他	500
		小计	3 500
	机修车间	办公费	2 800
		其他	300
		小计	3 100
行政管理部门		办公费	8 000
		其他	2 000
		小计	10 000
合计			22 400

表5-27 **辅助生产费用分配表（直接分配法）**

2018年8月　　金额单位：元

辅助生产车间	应分配费用	分配数量	分配率	分配额									
				基本生产车间						管理部门		销售部门	
				甲产品		乙产品		一般耗用					
				数量	金额	数量	金额	数量	金额	数量	金额	数量	金额
供电车间	38 885	55 800	0.6969	30 000	20 907	18 000	12 544.2	2 000	1 393.8	3 000	2 090.7	2 800	1 949.3
机修车间	69 225	1 500	46.15					1 200	55 380	200	9 230	100	4 615
合计					20 907		12 544.2		56 773.8		11 320.7		6 564.3

表5-28 **制造费用分配表**

车间名称：基本生产车间　　2018年8月　　金额单位：元

分配对象	生产工时	分配率	分配金额
甲产品	26 000	3.6772	95 607.2
乙产品	6 000		22 064.6
合计	32 000		117 671.8

表5-29 **甲产品成本计算单**

2018年8月　　金额单位：元

项目		直接材料	燃料及动力	直接人工	制造费用	合计
月初在产品成本		8 000	3 000	5 000	2 000	18 000
本月发生费用		142 985.12	25 867	79 991.6	95 607.2	344 450.92
合计		150 985.12	28 867	84 991.6	97 607.2	362 450.92
产品产量	完工产品产量	80	80	80	80	
	在产品约当产量	20	10	10	10	
	合计	100	90	90	90	
单位成本		1 509.85	320.74	944.35	1 084.52	3 859.46
转出半成品成本		120 788	25 659.2	75 548	86 761.6	308 756.8
在产品成本		30 197.12	3 207.8	9 443.6	10 845.6	53 694.12

表5-30

乙产品成本计算单

2018年8月　　　　金额单位：元

项目		直接材料	燃料及动力	直接人工	制造费用	合计
月初在产品成本		6 000	2 000	4 000	1 800	13 800
本月发生费用		107 014.88	26 344.2	18 458.4	22 064.6	173 882.08
生产费用合计		113 014.88	28 344.2	22 458.4	23 864.6	187 682.08
完工产品成本	定额费用（或工时）	1 750	420	420	420	
	实际成本	98 887.95	26 751.82	21 196.69	22 523.89	169 360.35
分配率		56.5074	63.6948	50.4683	53.6283	
在产品成本	定额费用（或工时）	250	25	25	25	
	实际成本	14 126.93	1 592.38	1 261.71	1 340.71	18 321.73

表5-31

完工产品成本汇总表

2018年8月　　　　单位：元

产品名称 成本项目	甲产品（80台）		乙产品（70台）	
	总成本	单位成本	总成本	单位成本
直接材料	120 788	1 509.85	98 887.95	1 412.69
燃料及动力	25 659.2	320.74	26 751.82	382.17
直接人工	75 548	944.35	21 196.69	302.81
制造费用	86 761.6	1 084.52	22 523.89	321.77
合计	308 756.8	3 859.46	169 360.35	2 419.43*

*有尾数差。

二、会计分录：

1.借：生产成本——基本生产成本——甲产品　　142 985.12
　　　　　　　　　　　　　　——乙产品　　107 014.88
　　　　　——辅助生产成本——供电车间　　11 800
　　　　　　　　　　　　　　——机修车间　　12 300
　　　制造费用　　23 000
　　　管理费用　　6 500
　　贷：原材料——A　　166 000
　　　　　　——B　　104 800
　　　　　　——机物料　　16 800
　　　周转材料——低值易耗品　　16 000

2.借：生产成本——基本生产成本——甲产品　　79 991.6
　　　　　　　　　　　　　　——乙产品　　18 458.4
　　　　　——辅助生产成本——供电车间　　18 085
　　　　　　　　　　　　　　——机修车间　　49 265

借：制造费用	19 050	
管理费用	20 720	
在建工程	39 650	
贷：应付职工薪酬——工资		245 220
3.借：制造费用	7 600	
生产成本——辅助生产成本——供电车间	5 500	
——机修车间	3 600	
管理费用	3 800	
贷：累计折旧		20 500
4.借：生产成本——基本生产成本——甲产品	4 960	
——乙产品	13 800	
——辅助生产成本——机修车间	960	
制造费用	5 448	
管理费用	1 312	
销售费用	580	
贷：应付账款——自来水公司		27 060
5.借：制造费用	5 800	
生产成本——辅助生产成本——供电车间	3 500	
——机修车间	3 100	
管理费用	10 000	
贷：银行存款		22 400
6.借：生产成本——基本生产成本——甲产品	20 907	
——乙产品	12 544.2	
制造费用	56 773.8	
管理费用	11 320.7	
销售费用	6 564.3	
贷：生产成本——辅助生产成本——供电车间		38 885
——机修车间		69 225
7.借：生产成本——基本生产成本——甲产品	95 607.2	
——乙产品	22 064.6	
贷：制造费用		117 671.8
8.借：库存商品——甲产品	308 756.8	
——乙产品	169 360.35	
贷：生产成本——基本生产成本——甲产品		308 756.8
——乙产品		169 360.35

模块六　成本计算的分批法实训

一、实训目的

通过对该模块的实训，掌握分批法计算产品成本的基本原理，并与成本核算账务处理系统相结合，以培养学生的理论应用能力和实际动手操作能力，训练实务操作技能。

二、理论知识点

（一）分批法的含义

产品成本计算的分批法，是指以产品的批别作为成本核算对象，用以归集生产费用计算产品成本的一种方法。

（二）分批法的特点

（1）以产品批别作为成本核算对象。

（2）成本计算期与生产周期一致。

（3）除特殊情况外，一般不需要在完工产品和月末在产品间分配生产费用。在单件、小批生产情况下，由于完工产品成本计算期与产品的生产周期一致，因而在月末计算产品成本时，一般不存在完工产品和月末在产品之间分配费用的问题。但如果批内产品有跨月陆续完工的情况，在月末计算成本时，一部分产品已完工，另一部分产品尚未完工，这时就有必要在完工产品和月末在产品间分配费用，以便计算完工产品和月末在产品成本。

（4）间接费用在各批次或各订单之间分配可选择采用“当月分配法”或“累计分配法”。“当月分配法”的特点是分配间接费用（主要为制造费用）时，不论各批次或各订单产品是否完工，都要按当月分配率分配其应负担的间接费用。采用“当月分配法”，各月份月末间接费用明细账没有余额，未完工批次或订单也要按月结转间接费用，如果企业在投产批次比较多而多数为未完工批次或订单时，按月结转未完工批次产品的间接费用意义不大，而且手续繁琐，在这种情况下，就应考虑采用“累计分配法”分配间接费用。“累计分配法”的特点是分配间接费用时，只对当月完工的批次或订单按累计分配率进行分配，将未完工批次或订单的间接费用总额保留在间接费用明细账中不进行分配，但在各批产品成本计算单中要按月登记发生的工时，以便计算各月的累计分配率和在某批次产品完工时，按其累计工时汇总结转应负担的间接费用总额。采用“累计分配法”，间接费用明细账月末留有余额，完工批次或订单一次负担其间接费用，因此，可以简化成本核算工作。但是，如果各月份的间接费用水平相差悬殊，采用这种方法会影响各月成本计算的准确性。

（三）分批法的适用范围

分批法主要适用于单件、小批单步骤生产的企业。

（四）分批法的成本计算程序

（1）按产品批别设置产品成本计算单。

（2）按产品批别归集和分配本月发生的各种费用。

（3）计算完工产品成本。

（4）结转完工产品成本。

实训　成本计算的分批法实训

一、实训所需条件

（一）实训所需资料。

1.企业基本情况。

大连重型机械厂设有一个基本生产车间和两个辅助生产车间（供电车间和机修车间）。基本生产车间根据客户订单小批生产甲、乙两种产品。2018年8月份生产产品的批号有：

（1）801#甲产品20件，7月份投产，本月全部完工。

（2）802#乙产品100件，本月投产，本月完工10件。

（3）803#甲产品100件，本月投产，本月完工80件，未完工20件，完工程度50%。该企业实行厂部一级成本核算体制。

2.企业成本核算的有关规定。

（1）产品成本计算采用分批法，车间发生的制造费用采用当月分配法进行分配。

（2）开设“生产成本”科目，对各生产车间发生的生产费用进行总分类核算；二级科目按“基本生产成本”和“辅助生产成本”开设；甲、乙两种产品的成本计算单按产品生产批号开设；产品成本项目包括“直接材料”、“直接人工”和“制造费用”。

（3）由于各辅助生产车间只生产一种产品（劳务），因此，各辅助生产车间发生的各项制造费用不通过“制造费用”科目核算。

（4）802#乙产品完工数量较少，按计划成本结转。每件计划成本400元，其中直接材料160元，直接人工130元，制造费用110元。

（5）803#甲产品采用约当产量法分配完工产品和月末在产品成本，原材料在生产开始时一次投入。

（6）生产工人工资费用按实际生产工时比例分配。

（7）基本生产车间发生的制造费用采用当月分配率进行分配。

（8）辅助生产车间发生的费用采用直接分配法分配。

（9）采用通用记账凭证格式。

（10）企业的账务循环程序采用科目汇总表账务循环程序。

3.（1）该企业2018年8月月初在产品成本资料见表6-1。

表6-1 **月初在产品成本资料**

2018年8月 金额单位：元

批号	产品名称	批量（件）	直接材料	直接人工	制造费用
801#	甲产品	20	4 200	3 600	1 800

（2）该企业2018年8月辅助生产车间提供产品（劳务）情况见表6-2。

表6-2 **辅助生产车间提供产品（劳务）明细表**

2018年8月

辅助生产车间受益部门		供电车间（度）	机修车间（工时）
供电车间		—	800
机修车间		1 000	—
基本生产车间	801#	30 000	—
	802#	18 000	—
	803#	5 000	—
	一般性耗用	2 000	1 200
行政管理部门		3 000	200
销售部门		2 800	100
合计		61 800	2 300

4.该企业2018年8月生产过程中发生的各项费用及有关的原始凭证如下：

（1）本月发生直接材料（A材料）费用分配情况见表6-3（原始领料单略）。

表6-3

材料费用分配表

2018年8月

单位：元

分配对象		成本费用项目	金额
基本生产车间	801#	直接材料	6 000
	802#	直接材料	16 000
	803#	直接材料	2 400
	小计		24 400
	一般耗用	材料费	2 000
辅助生产车间	供电车间	材料费	1 800
	机修车间	材料费	1 500
	小计		3 300
行政管理部门		材料费	1 000
合计			30 700

（2）本月发生生产工时及人工费用分配见表6-4（原始凭证略）。

表6-4

生产工时及人工费用分配表

2018年8月

金额单位：元

分配对象			生产工时（小时）	人工费用	分配率	分配金额
基本生产车间	生产工人	801#	2 500	50 000	7.2464	18 116
		802#	2 800			20 289.92
		803#	1 600			11 594.08
	管理人员			12 000		
辅助生产车间	供电车间			8 000		
	机修车间			9 800		
行政管理部门				24 000		
合计				103 800		

（二）实训所需真实的通用记账凭证8张，活页式生产成本明细账5张，活页式制造费用明细账1张，数量金额式明细账3张，凭证封皮1张，以及实训所需的剪刀、直尺、胶水、印台、计算器、档案袋、装订线、装订机等工具。

二、实训要求

（1）编制费用分配表并根据本月发生的各项费用分配表填制记账凭证。

（2）根据审核无误的记账凭证登记相关的总账和明细账以及各批产品成本计算单。

（3）计算各批完工产品的成本，编制完工产品成本汇总表，并编制完工产品验收入库的记账凭证。

（4）计算的中间结果保留四位小数，最终结果保留两位小数。

（5）实训中所用到的记账凭证、账页的格式，请参见实际工作中所用的、真实的凭证与账页，这里从略。

三、实训组织方法及步骤

本实训安排在相关理论知识讲授完之后进行，在实训指导教师的指导下，由学生本人独立完成。学生以班级为单位统一到会计手工模拟实验室进行实训。实训前要求学生对相关知识进行预习，特别是要对基础会计中的有关记账凭证的编制和账簿登记的规定进行复习。实训的具体步骤如下：

（1）开设相关的总账和明细账以及各批产品成本计算单（参考格式见表6-5至表6-7），并将有关的期初余额登记到相关账簿以及各批产品成本计算单中。

（2）根据本月发生各项费用的原始凭证编制各项费用分配表（参考格式见表6-8至表6-11）。

（3）根据各项费用的原始凭证以及各项费用分配表编制记账凭证。

（4）学生两人一组，互相对所填制的记账凭证进行审核。

（5）根据审核无误的记账凭证登记相关明细账以及成本计算单。

（6）将汇集到成本计算单中的各项费用进行汇总并进行分配，计算出完工产品的成本，编制完工产品成本汇总表（参考格式见表6-12），并进行完工产品验收入库的账务处理，编制记账凭证。

（7）学生两人一组，互相对所填制的记账凭证进行审核。

（8）根据审核无误的记账凭证登记有关明细账。

（9）根据审核无误的记账凭证编制科目汇总表。

（10）根据科目汇总表登记有关总账。

实训结束后学生应将完成的各种资料装入配发的档案袋中，上交实训指导教师。

本实训计划安排2个学时。

表6-5　　**甲产品成本计算单**

产品批号：801#　　产品名称：　　投产日期：

订货单位：　　产品批量：　　完工日期：

完工数量：　　单位：元

项目	直接材料	直接人工	制造费用	合计
月初在产品成本				
本月生产费用				
生产费用合计				
完工产品成本				
完工产品单位成本				

表6-6　　**乙产品成本计算单**

产品批号：802#　　产品名称：　　投产日期：
订货单位：　　产品批量：　　完工日期：
完工数量：　　单位：元

项目	直接材料	直接人工	制造费用	合计
本月生产费用				
生产费用合计				
完工产品成本				
月末在产品成本				

表6-7　　**甲产品成本计算单**

产品批号：803#　　产品名称：　　投产日期：
订货单位：　　产品批量：　　完工日期：
完工数量：　　单位：元

项目	直接材料	直接人工	制造费用	合计
本月生产费用				
生产费用合计				
完工产品成本				
月末在产品成本				

表6-8　　**材料费用分配表**

2018年8月　　单位：元

分配对象		成本费用项目	金额
基本生产车间	801#	直接材料	
	802#	直接材料	
	803#	直接材料	
	小计		
	一般耗用	材料费	
辅助生产车间	供电车间	材料费	
	机修车间	材料费	
	小计		
行政管理部门		材料费	
合计			

表 6-9　**生产工时及人工费用分配表**

2018年8月　　金额单位：元

分配对象			生产工时（小时）	人工费用	分配率	分配金额
基本生产车间	生产工人	801#				
		802#				
		803#				
	管理人员					
辅助生产车间	供电车间					
	机修车间					
行政管理部门						
合计						

表 6-10　**辅助生产费用分配表（直接分配法）**

2018年8月　　金额单位：元

辅助生产车间	应分配费用	分配数量	分配率	分配额											
				基本生产车间								行政管理部门		销售部门	
				801#		802#		803#		一般耗用		数量	金额	数量	金额
				数量	金额	数量	金额	数量	金额	数量	金额				
供电车间															
机修车间															
合计															

表 6-11　**基本生产车间制造费用分配表**

2018年8月　　金额单位：元

分配对象	分配标准（生产工时）	分配率	金额
801#甲产品			
802#乙产品			
803#甲产品			
合计			

表 6-12　**完工产品成本汇总表**

2018年8月　　金额单位：元

产品批次	产量（件）	直接材料	直接人工	制造费用	合计
801#甲产品					
802#乙产品					
803#甲产品					

实训参考答案

一、自制原始凭证见表6-13至表6-20：

表6-13　　材料费用分配表

2018年8月　　单位：元

分配对象		成本费用项目	金额
基本生产车间	801#	直接材料	6 000
	802#	直接材料	16 000
	803#	直接材料	2 400
	小计		24 400
	一般耗用	材料费	2 000
辅助生产车间	供电车间	材料费	1 800
	机修车间	材料费	1 500
	小计		3 300
行政管理部门		材料费	1 000
合计			30 700

表6-14　　生产工时及人工费用分配表

2018年8月　　金额单位：元

分配对象			生产工时（小时）	人工费用	分配率	分配金额
基本生产车间	生产工人	801#	2 500	50 000	7.2464	18 116
		802#	2 800			20 289.92
		803#	1 600			11 594.08
	管理人员			12 000		
辅助生产车间	供电车间			8 000		
	机修车间			9 800		
行政管理部门				24 000		
合计				103 800		

表6-15　　**辅助生产费用分配表（直接分配法）**

2018年8月　　金额单位：元

<table>
<tr><th rowspan="4">辅助生产车间</th><th rowspan="4">应分配费用</th><th rowspan="4">分配数量</th><th rowspan="4">分配率</th><th colspan="12">分配额</th></tr>
<tr><th colspan="8">基本生产车间</th><th colspan="2">行政管理部门</th><th colspan="2">销售部门</th></tr>
<tr><th colspan="2">801#</th><th colspan="2">802#</th><th colspan="2">803#</th><th colspan="2">一般耗用</th><th rowspan="2">数量</th><th rowspan="2">金额</th><th rowspan="2">数量</th><th rowspan="2">金额</th></tr>
<tr><th>数量</th><th>金额</th><th>数量</th><th>金额</th><th>数量</th><th>金额</th><th>数量</th><th>金额</th></tr>
<tr><td>供电车间</td><td>9 800</td><td>60 800</td><td>0.1612</td><td>30 000</td><td>4 836</td><td>18 000</td><td>2 901.6</td><td>5 000</td><td>806</td><td>2 000</td><td>322.4</td><td>3 000</td><td>483.6</td><td>2 800</td><td>450.4</td></tr>
<tr><td>机修车间</td><td>11 300</td><td>1 500</td><td>7.5333</td><td></td><td></td><td></td><td></td><td></td><td></td><td>1 200</td><td>9 039.96</td><td>200</td><td>1 506.66</td><td>100</td><td>753.38</td></tr>
<tr><td>合计</td><td>21 100</td><td></td><td></td><td></td><td>4 836</td><td></td><td>2 901.6</td><td></td><td>806</td><td></td><td>9 362.36</td><td></td><td>1 990.26</td><td></td><td>1 203.78</td></tr>
</table>

表6-16　　**基本生产车间制造费用分配表**

2018年8月　　金额单位：元

分配对象	分配标准（生产工时）	分配率	金额
801#甲产品	2 500	3.3858	8 464.5
802#乙产品	2 800		9 480.24
803#甲产品	1 600		5 417.62
合计	6 900		23 362.36

表6-17　　**甲产品成本计算单**

产品批号：801#　　产品名称：甲产品　　投产日期：7月

订货单位：　　产品批量：20件　　完工日期：8月31日

完工数量：20件　　单位：元

项目	直接材料	直接人工	制造费用	合计
月初在产品成本	4 200	3 600	1 800	9 600
本月生产费用	6 000	18 116	8 464.5	32 580.5
生产费用合计	10 200	21 716	10 264.5	42 180.5
完工产品成本	10 200	21 716	10 264.5	42 180.5
完工产品单位成本	510	1 085.8	513.23	2 109.03

表6-18　　**乙产品成本计算单**

产品批号：802#　　产品名称：乙产品　　投产日期：8月

订货单位：　　产品批量：100件　　完工日期：8月31日

完工数量：10件　　单位：元

项目	直接材料	直接人工	制造费用	合计
本月生产费用	16 000	20 289.92	9 480.24	45 770.16
生产费用合计	16 000	20 289.92	9 480.24	45 770.16
完工产品成本	1 600	1 300	1 100	4 000
月末在产品成本	14 400	18 989.92	8 380.24	41 770.16

表6-19　　**甲产品成本计算单**

产品批号：803#　　产品名称：甲产品　　投产日期：8月

订货单位：　　产品批量：100件　　完工日期：8月31日

完工数量：80件　　金额单位：元

项目		直接材料	直接人工	制造费用	合计
本月生产费用		2 400	11 594.08	5 417.62	19 411.7
生产费用合计		2 400	11 594.08	5 417.62	19 411.7
约当总产量	完工产品产量	80	80	80	
	月末在产品约当产量	20	10	10	
	合计	100	90	90	
分配率		24	128.82	60.20	213.02
完工产品成本		1 920	10 305.6	4 816	17 041.6
月末在产品成本		480	1 288.48	601.62	2 370.1

表6-20　　**完工产品成本汇总表**

2018年8月　　金额单位：元

产品批次	产量（件）	直接材料	直接人工	制造费用	合计
801#甲产品	20	10 200	21 716	10 264.5	42 180.5
802#乙产品	10	1 600	1 300	1 100	4 000
803#甲产品	80	1 920	10 305.6	4 816	17 041.6

二、会计分录：

1.借：生产成本——基本生产成本（801#）　　6 000
　　　　　　——基本生产成本（802#）　　16 000
　　　　　　——基本生产成本（803#）　　2 400
　　　　　　——辅助生产成本（供电车间）　　1 800
　　　　　　——辅助生产成本（机修车间）　　1 500
　　制造费用　　2 000
　　管理费用　　1 000
　贷：原材料——A材料　　30 700

2.借：生产成本——基本生产成本（801#）　　18 116
　　　　　　——基本生产成本（802#）　　20 289.92
　　　　　　——基本生产成本（803#）　　11 594.08
　　　　　　——辅助生产成本（供电车间）　　8 000
　　　　　　——辅助生产成本（机修车间）　　9 800
　　制造费用　　12 000
　　管理费用　　24 000
　贷：应付职工薪酬——工资　　103 800

3.借：生产成本——基本生产成本（801#）		4 836	
——基本生产成本（802#）		2 901.6	
——基本生产成本（803#）		806	
制造费用		9 362.36	
管理费用		1 990.26	
销售费用		1 203.78	
贷：生产成本——辅助生产成本（供电车间）			9 800
——辅助生产成本（机修车间）			11 300
4.借：生产成本——基本生产成本（801#）		8 464.5	
——基本生产成本（802#）		9 480.24	
——基本生产成本（803#）		5 417.62	
贷：制造费用			23 362.36
5.借：库存商品——甲产品		59 222.1	
——乙产品		4 000	
贷：生产成本——基本生产成本（801#）			42 180.5
——基本生产成本（802#）			4 000
——基本生产成本（803#）			17 041.6

模块七　成本计算的分步法实训

一、实训目的

通过对该模块的实训，掌握分步法计算产品成本的基本原理和成本计算程序，并与成本核算账务处理系统相结合，以培养学生的理论应用能力和实际动手操作能力，训练其实务操作技能。

二、理论知识点

（一）分步法的含义

产品成本计算的分步法是指以产品的品种及其所经过的生产步骤作为成本核算对象来归集生产费用，计算产品及所经过的生产步骤成本的一种方法。它分为逐步结转分步法和平行结转分步法。

逐步结转分步法是按生产步骤逐步计算并结转半成品成本，直到最后步骤计算出产品成本的方法。逐步结转分步法在成本管理上要求提供半成品成本数据，因此，又称为计算半成品成本的分步法。

平行结转分步法是将各生产步骤应计入相同产成品成本的份额平行汇总，以求得产成品成本的方法。平行结转分步法在成本管理上不要求提供半成品成本数据，因此，又称为不计算半成品成本的分步法。

（二）分步法的特点

1.以产品的品种及其所经过的生产步骤作为成本核算对象。在采用分步法时，成本核算对象是产品品种及其所经过的生产步骤，但逐步结转分步法和平行结转分步法有区别。

逐步结转分步法是计算半成品成本的分步法，其成本核算对象是产成品及其所经过的生产步骤的半成品。

平行结转分步法是不计算半成品成本的分步法，其成本核算对象是产成品及其所经过的生产步骤。

各生产步骤需要计算半成品成本，直到最后步骤计算出最终产成品的成本。

各生产步骤只归集本步骤发生的生产费用，只计算和结转最终产成品在本步骤的成本份额，不计算半成品成本。

2.成本计算按月进行。

3.通常需要在完工产品和月末在产品之间分配生产费用。

（三）分步法的适用范围

分步法主要适用于大量大批的多步骤生产企业，如纺织、造纸和机械制造业等。在这些企业中，产品生产可以划分为若干生产步骤。

1.逐步结转分步法的适用范围。逐步结转分步法主要适用于半成品可以加工为不同产品，或者有半成品对外销售和需要考核半成品成本的大量、大批、多步骤、连续式生产企业。在这种类型的企业中，各步骤生产的半成品既可移转给下一步骤继续加工，又可以作为商品对外销售，如纺织厂的棉纱。还有的企业生产的半成品虽不对外销售，但为厂内几种产品共同耗用，因此，在这些企业计算成本时，除了要计算各种产成品的成本之外，还必须计算各生产步骤的半成品成本，以便计算外销半成品的成本，以及为进行成本评比提供必要的数据。

2.平行结转分步法的适用范围。平行结转分步法主要适用于在成本管理上要求分步归集费用，但不要求计算半成品成本的大量、大批、多步骤、装配式生产企业。在这种类型的企业中，半成品的种类繁多，而且又很少对外销售，如果仍然采用逐步结转分步法计算成本，其工作量很大，没有必要。

（四）分步法的成本计算程序

1.逐步结转分步法的成本计算程序。

先计算第一步所产半成品成本，并将其转入第二步；然后将第二步发生的各项费用加上第一步骤转入的半成品成本，计算出第二步骤所产半成品成本，并将其转入第三步骤；这样按生产步骤逐步计算并结转半成品成本以后，在最后步骤计算出完工产品成本。如果各步骤完工的半成品通过半成品库收发，还应当在半成品库和有关生产步骤之间，随着半成品实物的收入和发出，进行半成品成本的结转。逐步结转分步法的成本计算程序如图7-1所示。

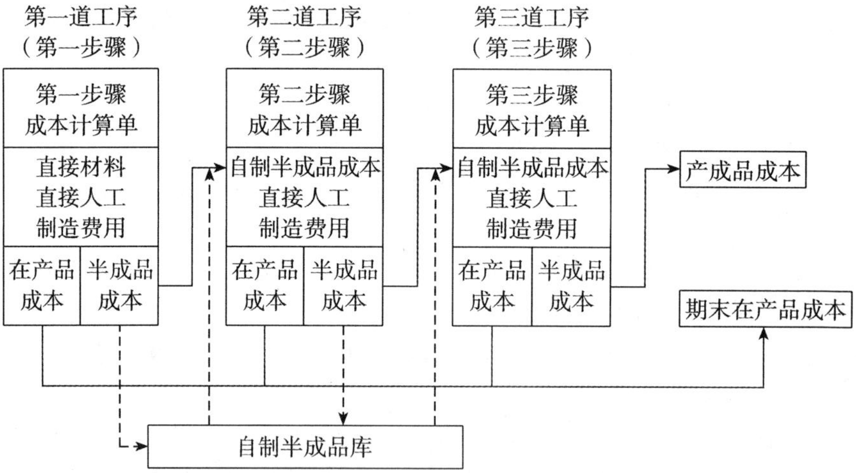

图7-1　逐步结转分步法的成本计算程序图

采用逐步结转分步法，各生产步骤之间半成品成本的结转，按照半成品成本在下一生产步骤产品成本计算单中反映方法的不同，分为综合结转法和分项结转法两种。

综合结转法是将各生产步骤所耗用的半成品成本，按照上一生产步骤的综合成本（不分成本项目），列示到下一生产步骤产品成本计算单中的“直接材料”或“自制半成品”成本项目中，综合反映各步骤所耗上一步骤所产半成品成本。综合结转时，可以按照上一步骤所产半成品的实际成本结转，也可以按照企业确定的半成品计划成本或定额成本结转。逐步结转分步法采用综合结转法时，上一生产步骤转入的自制半成品成本，综合登记在下一步骤产品成本计算单中的“半成品”成本项目。采用综合结转法，在转账时较为简单，但不能提供原始成本项目反映的数据，这样成本计算的步骤越多，最后一个步骤成本计算单中“半成品”项目的成本在产品成本中所占的比重越大，因而不能据以了解产品成本的结构情况。所以，为了能够从整体角度分析和考核产品成本的构成，必须对产品成本中的“半成品”项目成本进行“还原”，以反映产品成本原始构成的实际情况。成本还原的方法通常有以下两种：

（1）按半成品各成本项目占总成本的比重还原。这种方法的计算过程如下：

第一，计算各步骤（最后步骤除外）各成本项目占总成本的比重，计算公式为：

$$\text{各成本项目占总成本的比重}=\frac{\text{某成本项目数额}}{\text{完工半成品成本}}\times 100\% \tag{7.1}$$

第二，从最后一个步骤起，将各步骤耗用上一步骤的半成品成本乘以上一步骤该半成品各成本项目占总成本的比重，就可以把半成品的成本还原，逐步向前直到还原为直接材料、直接人工和制造费用等原始成本项目为止。

第三，将各生产步骤相同成本项目的成本数额相加，就可以求得成本还原以后产品的实际总成本。

（2）利用成本还原分配率法进行成本还原。成本还原分配率是本月产成品所耗上一步骤半成品费用与该步骤本月生产半成品成本的比率，即：

$$\text{成本还原分配率}=\frac{\text{本月产成品所耗上一步骤半成品费用}}{\text{该步骤本月生产半成品成本}} \tag{7.2}$$

以各步骤成本还原分配率分别乘以上一步骤本月生产该种半成品各成本项目的成本，即可将耗用半成品的综合成本进行分解、还原。最后将各步骤相同的成本项目数额相加，即可求得按原始成本项目反映的产成品成本。

分项结转法是将各生产步骤所耗用的半成品成本，按照成本项目分项转入各步骤成本计算单的各成本项目中，分项反映各步骤所耗上一步骤所产半成品成本。在该方法下，不必将产成品成本进行成本还原。

2.平行结转分步法的成本计算程序。

首先，通过各生产步骤计算出某产品在本步骤所发生的各种费用；其次，将各生产步骤所发生的费用在最终产品和月末广义在产品间进行分配，计算出各生产步骤应计入产成品成本的份额；最后，将各生产步骤应计入相同产成品成本的份额汇总，计算出最终产成品的成本。

平行结转分步法的成本计算程序如图7-2所示。

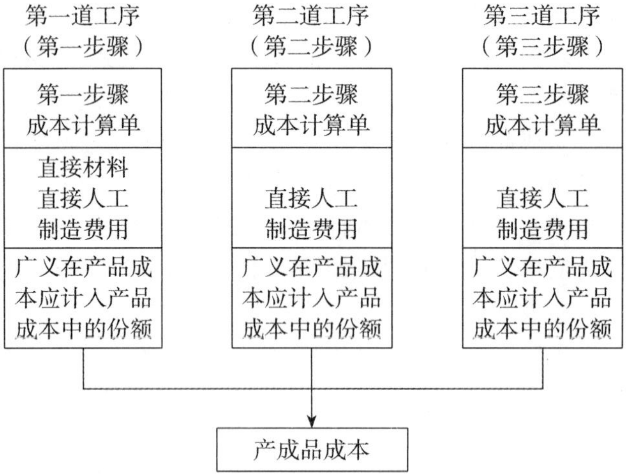

图7-2　平行结转分步法的成本计算程序图

实训一　逐步综合结转分步法实训

一、实训所需条件

（一）实训所需资料。

1.企业基本情况。

大连重型机械厂设有三个基本生产车间，大量生产甲产品。甲产品顺序经过三个车间加工，一车间生产的产品为A半成品，完工后不经过半成品库收发，全部直接交第二车间继续加工；二车间将A半成品进一步加工为B半成品，完工后交B半成品库验收；三车间根据需求从B半成品库领用并加工成产成品甲，其所领B半成品的成本按全月一次加权平均法计算。各车间每件完工产品耗用上一车间半成品的数量均为一件。由于该企业各车间生产的半成品均可以对外出售，所以要求计算各车间生产的半成品成本。由于各基本生产车间都只生产一种产品，故各基本生产车间在生产过程中发生的制造费用不必开设“制造费用”科目单独核算，直接将其记入各基本生产车间成本明细账（或成本计算单）中的“制造费用”项目即可。该企业还设有一个辅助生产车间——机修车间，由于只提供一种劳务，所以其间接费用不通过“制造费用”科目核算。

2.企业成本核算的有关规定。

（1）该厂采用逐步综合结转分步法计算甲产品成本，成本结转方式为半成品按实际成本综合结转。

（2）开设“生产成本”科目，对各生产车间发生的生产费用进行总分类核算；二级科目按“基本生产成本”和“辅助生产成本”开设；该厂以甲产品及其所经过的生产步骤的A半成品和B半成品为成本核算对象，按成本核算对象设产品成本计算单，产品成本计算单按直接材料、直接人工和制造费用三个成本项目设专栏组织核算。

（3）该厂各生产步骤（车间）完工产品和月末在产品之间的费用分配，均采用约当产量法。甲产品原材料在生产开始时一次投入，二车间和三车间转入的半成品也都在该生产步骤生产开始时一次投入，各车间的直接人工和制造费用发生比较均衡，月末在产品完工程度均为50%。

（4）低值易耗品采用一次摊销法摊销。

（5）采用通用记账凭证格式。

（6）企业的账务循环程序采用科目汇总表账务循环程序。

3.企业相关资料。

（1）该企业2018年8月初各车间在产品成本资料见表7-1。

表7-1　**月初各车间在产品成本资料**

2018年8月　单位：元

项目	一车间	二车间	三车间
月初在产品成本	36 250	130 000	400 000
其中：直接材料（半成品）	25 000	95 000	330 000
直接人工	6 250	20 000	40 000
制造费用	5 000	15 000	30 000

（2）该企业2018年8月份产品产量资料见表7-2。

表7-2　**产品产量资料**

2018年8月　单位：件

项目	一车间	二车间	三车间
月初在产品	50	100	200
本月投入或上步骤转入	550	500	500
本月完工转入下步骤或交库	500	500	550
月末在产品	100	100	150

（3）该企业2018年8月份机修车间提供的劳务数量及分配情况见表7-3。

表7-3　**机修车间本月提供的劳务数量及分配情况**

2018年8月　单位：小时

受益部门	受益数量
一车间	5 000
二车间	3 000
三车间	3 500
行政管理部门	2 000
合计	13 500

4.大连重型机械厂2018年8月基本生产车间生产甲产品发生的各项费用及有关的原始凭证如下：

（1）8月31日，该企业发生以银行存款支付的各项费用见表7-4（与所发生费用相关的原始发票和银行转账支票存根略）。

表7-4　　以银行存款支付的各项费用表

2018年8月　　单位：元

项目/部门	办公费	劳动保护费	其他费用	合计
一车间	500	450	200	1 150
二车间	800	300	150	1 250
三车间	600	350	220	1 170
机修车间	300	200	150	650
行政管理部门	1 000	100	180	1 280
合计	3 200	1 400	900	5 500

（2）8月31日，根据本月领料单编制的领料单汇总表见表7-5（领料单略）。

表7-5　　领料单汇总表

2018年8月　　单位：元

领用部门	用途	1—10日	11—20日	21—31日	合计
一车间	原材料	220 000			220 000
	机物料消耗	2 000	1 500	1 600	5 100
	低值易耗品	1 000	800	600	2 400
	小计	223 000	2 300	2 200	227 500
二车间	原材料				
	机物料消耗	1 800	1 600	1 000	4 400
	低值易耗品	1 200	800	500	2 500
	小计	3 000	2 400	1 500	6 900
三车间	原材料				
	机物料消耗	1 500	1 200	1 000	3 700
	低值易耗品	1 200	800	500	2 500
	小计	2 700	2 000	1 500	6 200
机修车间	机物料消耗	800	1 200	500	2 500
	低值易耗品	500	800	500	1 800
	小计	1 300	2 000	1 000	4 300
行政管理部门	维修	200	500	300	1 000
合计					245 900

（3）8月31日，根据各部门车间工资结算单（略）编制的工资结算汇总表见表7-6。

表7-6　**工资结算汇总表**

2018年8月　单位：元

部门	生产工人工资	管理人员工资	合计
一车间	50 000	18 000	68 000
二车间	45 000	15 000	60 000
三车间	38 000	12 000	50 000
机修车间	25 000	8 000	33 000
行政管理部门		35 000	35 000
合计	158 000	88 000	246 000

（4）8月31日，根据企业各部门固定资产使用情况编制的固定资产折旧计算表见表7-7。

表7-7　**固定资产折旧计算表**

2018年8月　金额单位：元

使用部门	一车间	二车间	三车间	机修车间	行政管理部门
固定资产原值	1 200 000	1 500 000	1 000 000	800 000	500 000
折旧率	0.6%	0.6%	0.6%	0.6%	0.6%
折旧额	7 200	9 000	6 000	4 800	3 000

（5）企业计提本月财产保险费20 000元，分配表见表7-8。

表7-8　**财产保险费分配表**

2018年8月　单位：元

分配对象	费用项目	本月计提金额
行政管理部门	财产保险费	20 000
合计		20 000

（二）实训所需真实的通用记账凭证9张，活页式生产成本明细账4张，数量金额式明细账2张，多栏式明细账1张，三栏式明细账4张，凭证封皮1张，以及实训所需的剪刀、直尺、胶水、印台、计算器、档案袋、装订线、装订机等工具。

二、实训要求

（1）开设相关的总账和明细账以及各步骤产品成本计算单（参考格式见表7-9至表7-11），并将有关的期初余额登记到相关账簿以及各步骤产品成本计算单中。

（2）根据本月所发生各项费用的原始凭证编制各项费用分配表（参考格式见表7-12至表7-17）。

（3）根据审核无误的记账凭证登记相关的总账和明细账以及各产品成本计算单。

（4）计算完工产品成本，编制完工产品成本汇总表，并编制完工产品验收入库的记账凭证。

（5）计算的中间结果保留两位小数，最终结果保留整数。

（6）实训中所用到的记账凭证、账页的格式，请参见实际工作中所用的、真实的凭证与账页，这里从略。

表7-9　　　　一车间产品成本计算单

产品：A半成品　　　　2018年8月　　　　金额单位：元

项目	直接材料	直接人工	制造费用	合计
月初在产品成本				
本月本步骤发生费用				
生产费用合计				
本月完工产品数量				
月末在产品约当产量				
约当总产量				
完工产品单位成本				
完工产品总成本				
月末在产品成本				

表7-10　　　　二车间产品成本计算单

产品：B半成品　　　　2018年8月　　　　金额单位：元

项目	A半成品	直接人工	制造费用	合计
月初在产品成本				
本月本步骤发生费用				
本月上步骤转入费用				
生产费用合计				
本月完工产品数量				
月末在产品约当产量				
约当总产量				
完工产品单位成本				
完工产品总成本				
月末在产品成本				

表7-11　**三车间产品成本计算单**

产品：甲产品　2018年8月　金额单位：元

项目	B半成品	直接人工	制造费用	合计
月初在产品成本				
本月本步骤发生费用				
本月上步骤转入费用				
生产费用合计				
本月完工产品数量				
月末在产品约当产量				
约当总产量				
完工产品单位成本				
完工产品总成本				
月末在产品成本				

表7-12　**以银行存款支付的各项费用分配表**

2018年8月　单位：元

分配对象		成本费用项目	金额
基本生产车间	一车间	制造费用	
	二车间	制造费用	
	三车间	制造费用	
辅助生产车间	机修车间	制造费用	
行政管理部门		办公费	
		劳动保护费	
		其他	
合计			

表 7-13　**材料费用分配表**

2018年8月　单位：元

分配对象	成本项目	分配金额	合计
一车间	直接材料		
	制造费用		
	小计		
二车间	直接材料		
	制造费用		
	小计		
三车间	直接材料		
	制造费用		
	小计		
机修车间	机物料消耗		
	低值易耗品		
	小计		
行政管理部门	材料费用		
合计			

表 7-14　**工资费用分配表**

2018年8月　单位：元

分配对象	成本项目	分配金额	合计
一车间	直接人工		
	制造费用		
	小计		
二车间	直接人工		
	制造费用		
	小计		
三车间	直接人工		
	制造费用		
	小计		
机修车间	工资费用		
	小计		
行政管理部门	工资费用		
合计			

表 7-15　　**固定资产折旧计算表**

2018年8月　　金额单位：元

使用部门	一车间	二车间	三车间	机修车间	行政管理部门
应记会计科目	生产成本（基本生产成本）	生产成本（基本生产成本）	生产成本（基本生产成本）	生产成本（辅助生产成本）	管理费用
固定资产原值					
折旧率					
折旧额					

表 7-16　　**财产保险费分配表**

2018年8月　　单位：元

分配对象	科目	本月计提金额
行政管理部门	管理费用	
合计		

表 7-17　　**辅助生产费用分配表**

2018年8月　　金额单位：元

辅助生产车间	应分配费用	分配数量	分配率	分配额							
				基本生产车间						行政管理部门	
				一车间		二车间		三车间			
				数量	金额	数量	金额	数量	金额	数量	金额
机修车间											

三、实训组织方法及步骤

本实训安排在相关理论知识讲授完之后进行，在实训指导教师的指导下，由学生独立完成。学生以班级为单位统一到会计手工模拟实验室进行实训。实训前要求学生对相关知识进行预习，特别是要对基础会计中的有关记账凭证的编制和账簿登记的规定进行复习。实训的具体步骤如下：

（1）根据本月发生的各项费用的原始凭证编制费用分配表。

（2）根据这些原始凭证（包括编制的费用分配表）填制记账凭证。

（3）学生两人一组，互相对所填制的记账凭证进行审核。

（4）根据审核无误的记账凭证登记各相关的明细账以及成本计算单。

（5）将汇集到成本计算单中的各项费用进行汇总并进行分配，计算出完工产品的成本，编制完工产品成本汇总表，并进行完工产品验收入库的账务处理，编制记账凭证。

（6）学生两人一组，互相对所填制的记账凭证进行审核。

（7）根据审核无误的记账凭证登记有关明细账。

（8）将甲产品总成本进行成本还原。

（9）根据审核无误的记账凭证编制科目汇总表。

（10）根据科目汇总表登记有关总账。

实训结束后学生应将完成的各种资料装入配发的档案袋中，上交实训指导教师。

本实训计划安排2个学时。

实训参考答案

一、自制原始凭证见表7-18至表7-26：

表7-18　　以银行存款支付的各项费用分配表

2018年8月　　单位：元

分配对象		成本费用项目	金额
基本生产车间	一车间	制造费用	1 150
	二车间	制造费用	1 250
	三车间	制造费用	1 170
辅助生产车间	机修车间	制造费用	650
行政管理部门		办公费	1 000
		劳动保护费	100
		其他	180
合计			5 500

表 7-19　　　　**材料费用分配表**

2018年8月　　　　单位：元

分配对象	成本项目	分配金额	合计
一车间	直接材料	220 000	220 000
	制造费用	7 500	7 500
	小计	227 500	227 500
二车间	直接材料		
	制造费用	6 900	6 900
	小计	6 900	6 900
三车间	直接材料		
	制造费用	6 200	6 200
	小计	6 200	6 200
机修车间	机物料消耗	2 500	2 500
	低值易耗品	1 800	1 800
	小计	4 300	4 300
行政管理部门	材料费用	1 000	1 000
合计		245 900	245 900

表 7-20　　　　**工资费用分配表**

2018年8月　　　　单位：元

分配对象	成本项目	分配金额	合计
一车间	直接人工	50 000	50 000
	制造费用	18 000	18 000
	小计	68 000	68 000
二车间	直接人工	45 000	45 000
	制造费用	15 000	15 000
	小计	60 000	60 000
三车间	直接人工	38 000	38 000
	制造费用	12 000	12 000
	小计	50 000	50 000
机修车间	工资费用	33 000	33 000
	小计	33 000	33 000
行政管理部门	工资费用	35 000	35 000
合计		246 000	246 000

表 7-21　**财产保险费分配表**

2018年8月　　单位：元

分配对象	科目	本月计提金额
行政管理部门	管理费用	20 000
合计		20 000

表 7-22　**固定资产折旧费用分配表**

2018年8月　　金额单位：元

使用部门	一车间	二车间	三车间	机修车间	行政管理部门
应记会计科目	生产成本（基本生产成本）	生产成本（基本生产成本）	生产成本（基本生产成本）	生产成本（辅助生产成本）	管理费用
固定资产原值	1 200 000	1 500 000	1 000 000	800 000	500 000
折旧率	0.6%	0.6%	0.6%	0.6%	0.6%
折旧额	7 200	9 000	6 000	4 800	3 000

表 7-23　**辅助生产费用分配表**

车间：机修车间　　2018年8月　　金额单位：元

辅助生产车间	应分配费用	分配数量	分配率	分配额							
				基本生产车间						行政管理部门	
				一车间		二车间		三车间			
				数量	金额	数量	金额	数量	金额	数量	金额
机修车间	42 750	13 500	3.17	5 000	15 850	3 000	9 510	3 500	11 095	2 000	6 295

表 7-24　**一车间产品成本计算单**

产品：A半成品　　2018年8月　　金额单位：元

项目	直接材料	直接人工	制造费用	合计
月初在产品成本	25 000	6 250	5 000	36 250
本月本步骤发生费用	220 000	50 000	49 700	319 700
生产费用合计	245 000	56 250	54 700	355 950
本月完工产品数量	500	500	500	500
月末在产品约当产量	100	50	50	
约当总产量	600	550	550	
完工产品单位成本	408.33	102.27	99.45	610.05
完工产品总成本	204 165	51 135	49 725	305 025
月末在产品成本	40 835	5 115	4 975	50 925

表 7-25　　二车间产品成本计算单

产品：B半成品　　2018年8月　　金额单位：元

项目	A半成品	直接人工	制造费用	合计
月初在产品成本	95 000	20 000	15 000	130 000
本月本步骤发生费用		45 000	41 660	86 660
本月上步骤转入费用	305 025			305 025
生产费用合计	400 025	65 000	56 660	521 685
本月完工产品数量	500	500	500	500
月末在产品约当产量	100	50	50	
约当总产量	600	550	550	
完工产品单位成本	666.71	118.18	103.02	887.91
完工产品总成本	333 355	59 090	51 510	443 955
月末在产品成本	66 670	5 910	5 150	77 730

表 7-26　　三车间产品成本计算单

产品：甲产品　　2018年8月　　金额单位：元

项目	B半成品	直接人工	制造费用	合计
月初在产品成本	330 000	40 000	30 000	400 000
本月本步骤发生费用		38 000	36 465	74 465
本月上步骤转入费用	443 955			443 955
生产费用合计	773 955	78 000	66 465	918 420
本月完工产品数量	550	550	550	550
月末在产品约当产量	150	75	75	
约当总产量	700	625	625	
完工产品单位成本	1 105.65	124.8	106.34	1 336.79
完工产品总成本	608 107.5	68 640	58 487	735 234.5
月末在产品成本	165 847.5	9 360	7 978	183 185.5

二、会计分录：

1.借：生产成本——基本生产成本——一车间	1 150	
——二车间	1 250	
——三车间	1 170	
——辅助生产成本——机修车间	650	
管理费用	1 280	
贷：银行存款		5 500
2.借：生产成本——基本生产成本——一车间	227 500	
——二车间	6 900	
——三车间	6 200	
——辅助生产成本——机修车间	4 300	
管理费用	1 000	
贷：原材料		236 700
周转材料——低值易耗品		9 200
3.借：生产成本——基本生产成本——一车间	68 000	
——二车间	60 000	
——三车间	50 000	
——辅助生产成本——机修车间	33 000	
管理费用	35 000	
贷：应付职工薪酬		246 000
4.借：管理费用	20 000	
贷：其他应付款		20 000
5.借：生产成本——基本生产成本——一车间	7 200	
——二车间	9 000	
——三车间	6 000	
——辅助生产成本——机修车间	4 800	
管理费用	3 000	
贷：累计折旧		30 000
6.借：生产成本——基本生产成本——一车间	15 850	
——二车间	9 510	
——三车间	11 095	
管理费用	6 295	
贷：生产成本——辅助生产成本——机修车间		42 750
7.借：生产成本——基本生产成本——二车间	305 025	
贷：生产成本——基本生产成本——一车间		305 025
8.借：生产成本——基本生产成本——三车间	443 955	
贷：生产成本——基本生产成本——二车间		443 955

9.借：库存商品——甲产品　　735 234.5

　贷：生产成本——基本生产成本——三车间　　735 234.5

实训二　平行结转分步法实训

一、实训所需条件

（一）实训所需资料。

1.企业基本情况。

大连重型机械厂生产甲产品，其生产过程分步骤依次经过一、二、三车间加工，各车间加工完的半成品不经过半成品库收发，在各车间直接结转。在生产过程中，原材料在生产开始时一次投入，加工成本则随各车间产品加工进度均匀发生。各车间每件完工产品耗用上一车间半成品的数量均为一件。该企业还设有一个辅助生产车间——供电车间。

2.企业成本核算的有关规定。

（1）该厂加工的半成品全部用于甲产品的生产，不对外销售。为了简化计算，不计算半成品成本，成本核算采用平行结转分步法。

（2）开设“生产成本”科目，对各生产车间发生的生产费用进行总分类核算；二级科目按“基本生产成本”和“辅助生产成本”开设；该厂以生产的甲产成品及其所经过的生产车间为成本核算对象，按照一、二、三车间开设产品成本计算单，并按直接材料、直接人工和制造费用三个成本项目设专栏组织核算。由于各车间只生产一种产品，所以三个基本生产车间发生的制造费用直接记入各车间成本明细账（或成本计算单）中的“制造费用”专栏，不必开设“制造费用”科目单独归集核算。

（3）该厂生产费用在完工产品和月末在产品之间的分配采用约当产量法。

（4）该厂辅助生产车间——机修车间，其制造费用不通过“制造费用”科目核算。

（5）采用通用记账凭证格式。

（6）企业的账务循环程序采用科目汇总表账务循环程序。

3.企业相关资料。

（1）该厂2018年8月份甲产品月初在产品成本资料见表7-27。

（2）该厂2018年8月份甲产品产量资料见表7-28。

4.大连重型机械厂2018年8月基本生产车间生产甲产品发生的各项费用及有关的原始凭证参见本模块实训一（逐步综合结转分步法实训）。

（二）实训所需真实的通用记账凭证13张，活页式生产成本明细账2张，数量金额式明细账2张，多栏式明细账1张，活页三栏式明细账4张，凭证封皮1张，以及实训所需的剪刀、直尺、胶水、印台、计算器、档案袋、装订线、装订机等工具。

表 7-27　　甲产品月初在产品成本资料

产品：甲产品　　2018年8月　　单位：元

项目	一车间	二车间	三车间
月初在产品成本	9 000	2 250	1 600
其中：直接材料	7 500		
直接人工	500	600	600
制造费用	1 000	1 650	1 000

表 7-28　　甲产品产量资料

产品：甲产品　　2018年8月　　数量单位：件

项目	一车间	二车间	三车间
月初在产品	10	50	50
本月投入或上步骤转入	90	100	90
本月完工转入下步骤或交库	100	90	130
月末在产品	—	60	10
月末在产品完工程度（%）	—	50	50

二、实训要求

（1）设置相关的总账和明细账以及各车间产品成本计算单（参考格式见表7-29至表7-31），并将有关的期初余额登记到相关账簿以及各车间产品成本计算单中。

（2）根据本月所发生各项费用的原始凭证编制各项费用分配表（参考格式见表7-32至表7-37）。

（3）根据各项费用的原始凭证以及各项费用分配表编制记账凭证。

（4）根据审核无误的记账凭证登记各相关的明细账以及成本计算单。

（5）将汇集到成本计算单中的各项费用进行汇总并进行分配，计算出完工产品的成本，编制完工产品成本汇总表（参考格式见表7-38），并进行完工产品验收入库的账务处理，编制记账凭证。

（6）计算的中间结果保留两位小数，最终结果保留整数。

（7）实训中用到的记账凭证、账页的格式，请参见实际工作中所用的、真实的凭证与账页，这里从略。

表 7-29

一车间产品成本计算单

2018年8月　　　　金额单位：元

项目		直接材料	直接人工	制造费用	合计
月初在产品成本					
本月发生费用					
合计					
产量	完工产品产量				
	广义在产品数量				
	合计				
单位成本					
应计入产成品成本中的份额					
月末在产品成本					

表 7-30

二车间产品成本计算单

2018年8月　　　　金额单位：元

项目		直接材料	直接人工	制造费用	合计
月初在产品成本					
本月发生费用					
合计					
产量	完工产品产量				
	广义在产品数量				
	合计				
单位成本					
应计入产成品成本中的份额					
月末在产品成本					

表 7-31

三车间产品成本计算单

2018年8月　　　　金额单位：元

项目		直接材料	直接人工	制造费用	合计
月初在产品成本					
本月发生费用					
合计					
产量	完工产品产量				
	广义在产品数量				
	合计				
单位成本					
应计入产成品成本中的份额					
月末在产品成本					

表 7-32　**以银行存款支付的各项费用分配表**

2018年8月　单位：元

分配对象		成本费用项目	金额
基本生产车间	一车间	制造费用	
	二车间	制造费用	
	三车间	制造费用	
辅助生产车间	机修车间	制造费用	
行政管理部门		办公费	
		劳动保护费	
		其他	
合计			

表 7-33　**材料费用分配表**

2018年8月　单位：元

分配对象	成本项目	分配金额	合计
一车间	直接材料		
	制造费用		
	小计		
二车间	直接材料		
	制造费用		
	小计		
三车间	直接材料		
	制造费用		
	小计		
机修车间	机物料消耗		
	低值易耗品		
	小计		
行政管理部门	材料费用		
合计			

表 7-34　　**工资费用分配表**

2018年8月　　单位：元

分配对象	成本项目	分配金额	合计
一车间	直接人工		
	制造费用		
	小计		
二车间	直接人工		
	制造费用		
	小计		
三车间	直接人工		
	制造费用		
	小计		
机修车间	工资费用		
	小计		
行政管理部门	工资费用		
合计			

表 7-35　　**固定资产折旧费用分配表**

2018年8月　　金额单位：元

使用部门	一车间	二车间	三车间	机修车间	行政管理部门
应记会计科目	生产成本（基本生产成本）	生产成本（基本生产成本）	生产成本（基本生产成本）	生产成本（辅助生产成本）	管理费用
固定资产原值					
折旧率					
折旧额					

表 7-36　　**财产保险费分配表**

2018年8月　　单位：元

分配对象	科目	本月计提金额
行政管理部门	管理费用	
合计		

表7-37　　辅助生产费用分配表

2018年8月　　金额单位：元

辅助生产车间	应分配费用	分配数量	分配率	分配额							
				基本生产车间						行政管理部门	
				一车间		二车间		三车间			
				数量	金额	数量	金额	数量	金额	数量	金额
机修车间											

表7-38　　完工产品成本汇总计算表

2018年8月　　单位：元

项目	直接材料	直接人工	制造费用	合计
一车间				
二车间				
三车间				
成本合计				
单位成本				

三、实训组织方法及步骤

本实训安排在相关理论知识讲授完之后进行，在实训指导教师的指导下，由学生独立完成。学生以班级为单位统一到会计手工模拟实验室进行实训。实训前要求学生对相关知识进行预习，特别是要对基础会计中的有关记账凭证的编制和账簿登记的规定进行复习。实训的具体步骤如下：

（1）根据本月发生的各项费用的原始凭证编制费用分配表，并根据这些原始凭证（包括编制的费用分配表）填制记账凭证。

（2）根据审核无误的记账凭证登记相关的总账和明细账以及各产品成本计算单。

（3）学生两人一组，互相对所填制的记账凭证进行审核。

（4）根据审核无误的记账凭证登记有关明细账。

（5）将甲产品总成本进行成本还原。

（6）根据审核无误的记账凭证编制科目汇总表。

（7）根据科目汇总表登记有关总账。

实训结束后学生应将完成的各种资料装入配发的档案袋中，上交实训指导教师。

本实训计划安排2个学时。

实训参考答案

一、自制原始凭证见表7-39至表7-48：

表7-39　　以银行存款支付的各项费用分配表

2018年8月　　单位：元

分配对象		成本费用项目	金额
基本生产车间	一车间	制造费用	1 150
	二车间	制造费用	1 250
	三车间	制造费用	1 170
辅助生产车间	机修车间	制造费用	650
行政管理部门		办公费	1 000
		劳动保护费	100
		其他	180
合计			5 500

表7-40　　材料费用分配表

2018年8月　　单位：元

分配对象	成本项目	分配金额	合计
一车间	直接材料	220 000	220 000
	制造费用	7 500	7 500
	小计	227 500	227 500
二车间	直接材料		
	制造费用	6 900	6 900
	小计	6 900	6 900
三车间	直接材料		
	制造费用	6 200	6 200
	小计	6 200	6 200
机修车间	机物料消耗	2 500	2 500
	低值易耗品	1 800	1 800
	小计	4 300	4 300
行政管理部门	材料费用	1 000	1 000
合计		245 900	245 900

表 7-41 **工资费用分配表**

2018年8月 单位：元

分配对象	成本项目	分配金额	合计
一车间	直接人工	50 000	50 000
	制造费用	18 000	18 000
	小计	68 000	68 000
二车间	直接人工	45 000	45 000
	制造费用	15 000	15 000
	小计	60 000	60 000
三车间	直接人工	38 000	38 000
	制造费用	12 000	12 000
	小计	50 000	50 000
机修车间	工资费用	33 000	33 000
	小计	33 000	33 000
行政管理部门	工资费用	35 000	35 000
合计		246 000	246 000

表 7-42 **财产保险费分配表**

2018年8月 单位：元

分配对象	科目	本月计提金额
行政管理部门	管理费用	20 000
合计		20 000

表 7-43 **固定资产折旧费用分配表**

2018年8月 金额单位：元

使用部门	一车间	二车间	三车间	机修车间	行政管理部门
应记会计科目	生产成本（基本生产成本）	生产成本（基本生产成本）	生产成本（基本生产成本）	生产成本（辅助生产成本）	管理费用
固定资产原值	1 200 000	1 500 000	1 000 000	800 000	500 000
折旧率	0.6%	0.6%	0.6%	0.6%	0.6%
折旧额	7 200	9 000	6 000	4 800	3 000

表 7-44 **辅助生产费用分配表**

2018年8月 金额单位：元

辅助生产车间	应分配费用	分配数量	分配率	分配额							
				基本生产车间						行政管理部门	
				一车间		二车间		三车间			
				数量	金额	数量	金额	数量	金额	数量	金额
机修车间	42 750	13 500	3.17	5 000	15 850	3 000	9 510	3 500	11 095	2 000	6 295

表 7-45

一车间产品成本计算单

2018年8月　　　　金额单位：元

项目		直接材料	直接人工	制造费用	合计
月初在产品成本		7 500	500	1 000	9 000
本月发生费用		220 000	50 000	49 700	319 700
合计		227 500	50 500	50 700	328 700
产量	完工产品产量	130	130	130	
	广义在产品数量	70	70	70	
	合计	200	200	200	
单位成本		1 137.5	252.5	253.5	1 643.5
应计入产成品成本中的份额		147 875	32 825	32 955	213 655
月末在产品成本		79 625	17 675	17 745	115 045

表 7-46

二车间产品成本计算单

2018年8月　　　　金额单位：元

项目		直接材料	直接人工	制造费用	合计
月初在产品成本			600	1 650	2 250
本月发生费用			45 000	41 660	86 660
合计			45 600	43 310	88 910
产量	完工产品产量		130	130	
	广义在产品数量		40	40	
	合计		170	170	
单位成本			268.24	254.76	
应计入产成品成本中的份额			34 871.2	33 118.8	67 990
月末在产品成本			10 728.8	10 191.2	20 920

表 7-47　　三车间产品成本计算单

2018年8月　　金额单位：元

项目		直接材料	直接人工	制造费用	合计
月初在产品成本			600	1 000	1 600
本月发生费用			38 000	36 465	74 465
合计			38 600	37 465	76 065
产量	完工产品产量		130	130	
	广义在产品数量		5	5	
	合计		135	135	
单位成本			285.93	277.52	
应计入产成品成本中的份额			37 170.9	36 077.6	73 248.5
月末在产品成本			1 429.1	1 387.4	2 816.5

表 7-48　　完工产品成本汇总计算表

2018年8月　　单位：元

项目	直接材料	直接人工	制造费用	合计
第一步骤	147 875	32 825	32 955	213 655
第二步骤		34 871.2	33 118.8	67 990
第三步骤		37 170.9	36 077.6	73 248.5
成本合计	147 875	104 867.1	102 151.4	354 893.5
单位成本	1 137.5	806.67	785.78	2 729.95

二、会计分录：

1.借：生产成本——基本生产成本——一车间　　1 150
　　　　　　　　　　　　　　——二车间　　1 250
　　　　　　　　　　　　　　——三车间　　1 170
　　　　　——辅助生产成本——机修车间　　650
　　管理费用　　1 280
　贷：银行存款　　5 500

2.借：生产成本——基本生产成本——一车间　　227 500
　　　　　　　　　　　　　　——二车间　　6 900
　　　　　　　　　　　　　　——三车间　　6 200
　　　　　——辅助生产成本——机修车间　　4 300
　　管理费用　　1 000

贷：原材料　236 700

　　周转材料　9 200

3.借：生产成本——基本生产成本——一车间　68 000

　　　　　　　　　　　　　　——二车间　60 000

　　　　　　　　　　　　　　——三车间　50 000

　　　　　　——辅助生产成本——机修车间　33 000

　　管理费用　35 000

　贷：应付职工薪酬　246 000

4.借：管理费用　20 000

　贷：其他应付款　20 000

5.借：生产成本——基本生产成本——一车间　7 200

　　　　　　　　　　　　　　——二车间　9 000

　　　　　　　　　　　　　　——三车间　6 000

　　　　　　——辅助生产成本——机修车间　4 800

　　管理费用　3 000

　贷：累计折旧　30 000

6.借：生产成本——基本生产成本——一车间　15 850

　　　　　　　　　　　　　　——二车间　9 510

　　　　　　　　　　　　　　——三车间　11 095

　　管理费用　6 295

　贷：生产成本——辅助生产成本——机修车间　42 750

7.借：库存商品　354 893.5

　贷：生产成本——基本生产成本——一车间　213 655

　　　　　　　　　　　　　　　——二车间　67 990

　　　　　　　　　　　　　　　——三车间　73 248.5